빌런의 심리학

일러두기

1. 이 책의 원서는 2024년 일본에서 출간되었으며, 일본 현지의 실정이 어느 정도 포함되어 있습니다.
2. 본문에서 단행본은 『 』로, 영화·드라마 등 작품명은 「 」로 표기했습니다. 한국어판이 없는 단행본의 경우 원어로 표기하되 번역한 제목을 병기했습니다.
3. 본문의 모든 각주는 옮긴이의 주입니다.

우리 안의 악마를 찾아 떠나는 매혹적인 심리 여행

빌런의 심리학

오시오 아쓰시 지음 ★ 김현정 옮김

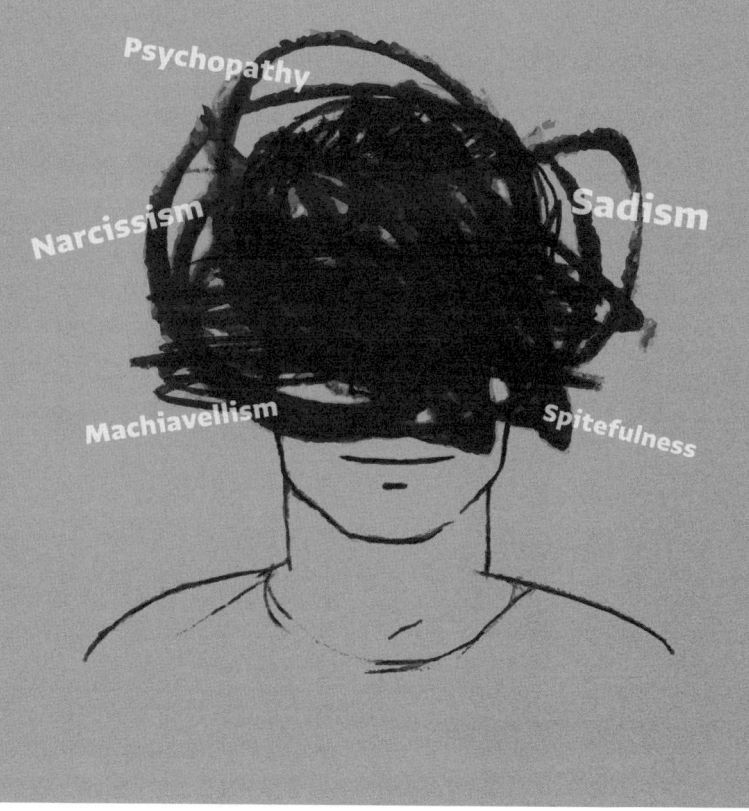

시그마북스

빌런의 심리학

발행일 2025년 7월 4일 초판 1쇄 발행
2026년 1월 5일 초판 2쇄 발행
지은이 오시오 아쓰시
옮긴이 김현정
발행인 강학경
발행처 시그마북스
마케팅 정제용
에디터 양수진, 최연정, 최윤정
디자인 강경희, 정민애, 김문배

등록번호 제10-965호
주소 서울특별시 영등포구 양평로 22길 21 선유도코오롱디지털타워 A402호
전자우편 sigmabooks@spress.co.kr
홈페이지 http://www.sigmabooks.co.kr
전화 (02) 2062-5288~9
팩시밀리 (02) 323-4197
ISBN 979-11-6862-368-2 (03180)

"SEIKAKUGA WARUI" TOHA DOIUKOTOKA-DARK SIDE NO SHINRIGAKU by Atsushi Oshio
Copyright ⓒ Atsushi Oshio, 2024
All rights reserved.
Original Japanese edition published by Chikumashobo Ltd.
Korean translation copyright ⓒ 2025 by Sigma Books
This Korean edition published by arrangement with Chikumashobo Ltd., Tokyo, through The English Agency (Japan) Ltd and Danny Hong Agency.

이 책의 한국어판 저작권은 대니홍 에이전시를 통한 저작권사와의 독점 계약으로 **시그마북스**에 있습니다.
저작권법에 의해 한국 내에서 보호를 받는 저작물이므로 무단전재와 복제를 금합니다.

파본은 구매하신 서점에서 교환해드립니다.

* **시그마북스**는 (주)**시그마프레스**의 단행본 브랜드입니다.

CONTENTS

들어가며

이름이 지니는 힘 10 | 면접을 보면서 그 사람의 미래를 상상한다 12 | 면접 때 발동하는 직관을 믿어도 될까? 13 | 어두운 성격은 외재화 문제와 관계가 있다 15 | '성격'이란 무엇일까? 16 | 좋은 성격과 나쁜 성격은 맞거울과 같다 19 | 심리학에서 좋고 나쁨을 연구하는 것 22 | 어두운 성격을 측정하다 23 어둠의 3요소 연구가 확산되다 25

Chapter 1 어두운 성격이란 무엇일까

1. 전형적인 어두운 성격 네 가지 ·········· 28
어두운 성격을 표현하는 말 29

2. 마키아벨리즘과 사이코패시 ·········· 32
마키아벨리즘의 발견 32 | 사이코패시라는 심리 특성 35 | 전형적인 사이코패스 37 | 사이코패시를 측정하는 도구 40

3. 나르시시즘과 사디즘 ·········· 42
나르시시즘이란 단어의 유래 42 | 정신 병리로서의 나르시시즘 43 | 지나치게 예민한 나르시시즘 46 나르시시즘 판정 방법 47 | 사디즘이란 단어의 유래 50 | 사디즘의 특징 52

4. 제5의 성격 '악의'와 어두운 성격의 중심 ·········· 55
다섯 번째 어두운 성격, 악의란 무엇인가 55 | 어두운 성격의 중심 59

Chapter 2 빌런과 리더십, 일, 그리고 사회적 성공

1. 빌런과 리더십 ·········· 66
어두운 성격의 대표 주자인 악랄한 경영자 66 | 카리스마 있는 리더에게서 많이 보이는 어두운 성격 70 카리스마적 리더의 대표 주자, 스티브 잡스와 일론 머스크 72

2. 직장 내에서의 빌런 ·· 74

직장 내에서 흔히 볼 수 있는 사이코패시 성향의 사람들 74 | 조직 내에 심리적 안전성이 중요한 이유 77 | 직장 내 일탈 행동 79 | 어두운 성격과 반생산적 업무 행동 81 | 사이코패시적 요소가 가진 의미 84

3. 빌런이라 유리한 것 ·· 86

학부 전공에서 나타나는 어두운 성격의 특징 86 | 도박과 어두운 성격 88 | 타인을 조종하는 능력이 필요한 경우 91

4. 어두운 성격은 사회적 성공으로 이어질까 ·· 94

어두운 성격의 어떤 부분 때문에 성공하는 것일까? 94 | 어둠의 3요소와 직장 내 분위기 97

Chapter 3 가까운 인간관계 속 어두운 성격

1. 사랑과 어두운 성격 ·· 100

사랑의 유형 6가지 100 | 오늘 밤 같이 있고 싶다는 낯선 이의 유혹 104 | 헌팅과 어두운 성격 106

2. 어두운 성격의 생활양식 ·· 110

도시를 좋아하는 저녁형 인간 110 | 가벼운 성적 관계를 선호한다 112 | 매칭앱과의 친화성 114 | 매칭앱에서 트롤링을 하는 사람들 115 | 배우자 밀렵과 어두운 성격 118 | 커플만족도와 어두운 성격 120

Chapter 4 빌런의 내면이 궁금하다

1. 빌런의 심리 특성 ·· 124

성격의 구조 124 | 빅파이브 성격 특성 128

2. HEXACO 모델의 등장 ·· 132

여섯 번째 요인, H팩터 132 | 심리학에서 말하는 '기질' 135

3. 어두운 성격과 자존감 ·· 138

'자기긍정감' 말고 '자존감' 138 | 어두운 성격과 자존감 불안정성 139 | 내현적 자존감 141

4. 자아개념이 불명료한 어두운 성격의 소유자 ·· 145

명확한 자아개념 145 | 온라인에서 자신을 드러내는 방법 147 | 자기감시 심리와 어두운 성격 151

5. 공감능력과 어두운 성격 ·· 153

'인지적 공감능력'과 '정서적 공감능력' 153 | 어두운 성격과 우울·불안 154 | 과민한 어둠의 3요소 155 | 고립되면 어떤 일이 벌어지는가 158

Chapter 5 어두운 성격은 유전되는가

1. 성격은 유전 때문일까, 환경 때문일까 ················ 162
우생학의 확산 162 | 환경에 주목하는 심리학 163 | 또다시 유전에 주목하다 166

2. 성격 특성은 연속적인 것이다 ················ 168
유전되는 성격 특성 168 | 과연 자녀에게 얼마나 유전될까? 171 | 집단과 개별 사례 173

3. 환경이 성격에 미치는 영향 ················ 176
환경이라고 하면 무엇이 떠오르는가? 176 | 쌍둥이 연구를 통해 알 수 있는 것 180 | 어두운 성격의 유전율 182 | 성장환경 때문에 차이가 나는 것일까? 184 | 어두운 성격을 조장하는 예측불가능성 187 | 어두운 성격과 생활사 전략 189

4. 내 안에 숨은 빌런 ················ 192
자기 안에 내재된 어두움을 발견한 뇌과학자 192 | 성격의 안정성 194 | 어두운 성격의 안정성 198

Chapter 6 성격이 나쁘다는 것의 의미

1. 좋은 성격, 나쁜 성격 ················ 202
바람직한 심리 특성 202 | 끝까지 해내는 힘, 그릿 204 | 자존감 만능론에 대한 비판 205 | 자존감만 키우기는 어렵다 208

2. 장점과 단점은 하나다 ················ 209
영재교육의 어려움 209 | 서로 얽히고설킨 심리 특성 211 | 행동의 동기 214 | 일곱 가지 대죄 215

3. 사회 속에서의 어두운 성격 ················ 218
지위 게임에서 도망치는 것은 불가능하다 218 | 사회 안에서 벌어지는 공격 221 | 장기적인 사회 변화 222 | 평화는 언제까지 지속될까 223 | 빌런들이 살아남는 이유 227 | 마무리하며 231

에필로그   233
미주   236

들어가며

이름이 지니는 힘

일본에 '가쿠치카'라는 말이 있습니다. 저는 대학교에서 제 수업을 들은 학생이 쓴 후기에서 처음 그 말을 접했습니다.

처음엔 '줄임말인가?' 싶어 무슨 말을 줄인 것인지 추측해 보려 노력도 해 보았지만 도저히 감이 오지 않더군요. 인터넷에서 검색을 해 보고 나서야 '가쿠치카'가 '학창시절에 힘을 쏟은 것'의 줄임말이라는 사실을 알 수 있었습니다. 학창시절의 '학(學, 가쿠)'과 '힘(力, 치카라)'을 조합한 말이었지요.

'학창시절 무언가에 열정적으로 힘을 쏟은 적이 있습니까?'는 채용 면접 때 지원자들이 흔히 맞닥뜨리는 질문이라고 합니다. 아마 오래전부터 단골 면접 질문이 아니었을까요? 면접 때 지원자들이 이런 질문을 얼마나 많이 받았을까, 어떻게 대답해야 할지 얼마나 고민했을까 상상이 됩니다. 이 질문을 한 단어로 표현하는 '가쿠치카'라는 말까지 생겨났을 정도니까요.

그런데 이렇게 질문에 이름이 붙고 나면 그 질문 자체에 초점이 맞춰지게 됩니다. 어쩌면 면접관들은 "다음 지원자한테는 가쿠치카를 물어봐야겠어"라든가 "아까 그 학생이 말한 가쿠치카는 내용이 좋더라"와 같은 대화를 주고받을지도 모릅니다. 면접을 보는 지원자도 마찬가지입니다. "또 가쿠치카를 묻더라", "거기 면접 볼 때 가쿠치카 뭐라고 대답했어?"와 같은 대화를 나누는 모습이 눈앞에 그려집니다.

또 이름이 생기면 그에 관한 대비책도 찾아보기 수월해집니다. 인터넷에 검색하면 아마 수많은 '가쿠치카 대책' 관련 기사가 줄줄이 뜰 테니까요. 지원동기를 말할 때와 가쿠치카를 말할 때는 각각 어떤 차이가 있고 또 어떤 점을 주의해야 하는지, 가쿠치카를 통해 자신의 장점을 어필하려면 어떻게 해야 하는지 등 다양한 팁들이 정리되어 있을 것입니다.

이렇듯 별것 아닌 행동도 '이름'이 생기면 구체적인 현상으로 떠오르는 효과가 생깁니다. 이것이 바로 '명명의 효과'란 것인데, 이게 또 아주 재미있는 현상입니다.

이 책에서 소개하는 '나쁜 성격', 즉 '다크사이드(성격의 어두운 면)'도 비슷한 특징이 있습니다. 사람들을 보면 평소에 아무 생각 없이 하는 짓이나 행동, 그 사람에게서만 느껴지는 특유의 특징이나 분위기가 있는데, 그것들을 모아서 하나의 이름을 붙일 수 있습니다. 그렇게 해서 이름이 생기면 바로 그 개념에 주목하게 되고 연구하게 되지요. 그리고 그 개념의 구체적인 내용과 형성 요인은 무엇인지, 생애에 걸쳐 얼마나 변화하는지, 강화나 억제가 가능한지 등등 관련된 다양한 특징들이 밝혀지게 됩니다.

면접을 보면서 그 사람의 미래를 상상한다

면접 이야기를 좀 더 해 볼까요?

저는 지금까지 살면서 지원자가 되어 면접을 본 적도 몇 번이나 있고, 면접관이 되어 면접을 본 적도 여러 번 있습니다.

제가 대학에 입학할 때는 면접시험이 없었습니다. 하지만 대학원에 들어갈 때는 면접을 봤고, 석·박사 학위를 딸 때는 구술시험이 있었지요. 그리고 대학교 취업에 처음으로 성공했을 때도, 지금의 대학교로 옮겼을 때도 채용 면접을 치렀습니다. 면접을 본 경험이 그렇게 많지는 않지만, 볼 때마다 늘 긴장했던 기억이 납니다.

대학교 교원이 된 후로는 면접관이 되어 면접에서 지원자를 평가할 기회가 많아졌는데요. 대학 입시 때 수험생을 대상으로 면접을 본 적도 있습니다. 대학원 입시에서도 면접시험의 비중이 커졌지요. 소속 대학의 교원을 뽑는 채용 면접도 대학교 교원인 우리가 해야 할 중요한 일입니다.

면접을 보면서 저는 '이 학생은 몇 년 후 어떤 학생이 되어 있을까?'라는 생각을 합니다. 멋진 활약을 보여 줄지, 혹시 학교에서 문제를 일으키진 않을지, 무사히 졸업(수료)할지 등과 같은 생각을 하면서 면접을 봅니다. 다시 말해, 면접장에서는 미래를 상상하는 것이 중요합니다.

가끔 입학하고 나서 훗날 무언가 문제를 일으킬 것만 같은 불길한 예감이 드는 수험생이 있습니다. 하지만 그 학생이 결정적으로 문제가 될 만한 행동을 한 것은 아닙니다. 설명하기는 힘들지만, 그 학생의 어떠한 점을 보고 그렇게 느끼는 것이지요. 영화 「스타워즈」 시리즈에는 "안 좋은 예감이 드는군"이라는 대사가 항상 빠지지 않고 등장하는데, 딱 그런 느낌입니다.

면접 때 발동하는 직관을 믿어도 될까?

면접 때 직관적인 판단에 의존하는 것은 위험하다는 의견도 있습니다. 인간의 직관적 판단은 맞을 때도 있지만 크게 어긋나는 경우도 있기 때문입니다. 우리가 직관을 잘 활용하려면 직관적인 판단을 내린 결과에 대해 적절한 피드백을 받아야 합니다.[1] 일을 할 때도 시행착오를 거치며 성공과 실패의 경험을 조금씩 쌓아나가다 보면 점점 직관적으로 올바른 판단을 내릴 확률이 높아지겠지요.

이는 누구에게나 해당되는 것으로, 그러한 경험을 하지 않은 사람의 눈엔 어떻게 거기서 그런 판단을 내리는지 이상해 보일 수도 있습니다. 즉, 면접장에서 직관적으로 좀 더 올바른 판단을 내리기 위해서는 면접 때 지원자에 대해 나름대로 판단한 다음, 채용된 자가 정말로 입학·입사 후에 멋진 활약을 보여 주었다는 피드백을 받아 가면서 직관을 조금씩 키우고 다듬어 나가는 것이 중요합니다.

다만, 여기에는 한 가지 큰 함정이 숨어 있습니다. 면접 결과를 판단할 수 있는 대상은 '합격자'뿐이기 때문입니다. 결과를 정확히 판단하기 위해서는 합격자와 불합격자를 비교해야 하는데, 면접에서 떨어지면 입학 또는 입사 자체가 불가능하지요. 그러니 불합격자가 그 후에 과연 활약을 보여 줄지, 정말로 불합격을 받을 만큼 실력이 없는 사람인지는 판단할 수가 없습니다. 면접장에서의 직관적인 판단만으로는 그 결과가 옳은지 그른지를 제대로 학습할 수 없는 것이지요.[2]

직관적인 판단은 좋은 결과를 가져올 때도 있고, 나쁜 결과를 가져올 때도 있습니다. 잘못된 판단임을 깨닫지 못해 판단을 바로잡지 못한 채 그냥 시간이 지나 버리는 경우도 종종 있습니다. 게다가 너무 굳건히 믿어 버림으로써 일부 사실만 선택적으로 인식하거나, 현실을 왜곡해 인식하여 '역시 내 생각이 맞았어'라며 확증편향에 의한 판단을 내려 버리는 경우도 종종 발생합니다. 그러니 직관을 너무 믿는 것도 좋지는 않습니다. 하지만 내려야 할 의사결정이 너무 많은 상황에서 직관적인 판단을 완전히 배제한 채 하루하루 생활하기란 사실 매우 어려운 일입니다.

자신의 직관적 판단이 옳은지 그른지 확인하고 싶다면 그 학습이 적절한 환경 속에서 이루어졌는지 아닌지를 생각해야 하는데, 실제로는 그런 판단을 내리기가 상당히 어렵습니다.

어두운 성격은 외재화 문제와 관계가 있다

심리학에서는 행동적 측면과 심리적 측면의 문제를 논할 때 크게 두 종류로 나눕니다.

하나는 내재화 문제이고, 다른 하나는 외재화 문제입니다.[3] 이는 유아기에서 청년기까지의 젊은 세대에서 나타나는 다양한 문제를 정리하여 논할 때 사용되는 기법입니다.

내재화 문제란 우울하거나 불안하거나 공포를 느끼는 등 본인 내부에 문제가 존재하는 상태를 가리킵니다. 반면에 외재화 문제는 본인의 욕구나 충동을 억제하기가 힘들어 주의가 산만해지거나 공격적·반항적인 행동을 보이는 등 반사회적 행동으로 이어지기 쉬운 상태를 가리킵니다.

채용 또는 입시 면접 때 문득 드는 '불길한 예감'은 내재화 문제라기보다는 외재화 문제와 관련된 불안이라 말할 수 있습니다. 외재화 문제는 학교나 직장에서 문제를 일으키는 것으로 이어질 수 있기 때문입니다. 그러니 사전에 문제가 될지 안 될지를 파악하고 싶은 마음이 드는 것도 어찌 보면 당연합니다.

그리고 이 책에서 집중적으로 다루는 '어두운 성격 특성'은 외재화 문제와 관계가 있는 개인의 특징을 가리킵니다. 다만, 이차적으로 내재화 문제가 발생하는 경우도 있습니다. 예를 들어 외재화 문제 때문에 주위 사람들과 관계가 원만하지 못하다면 고민이 되거나, 우울하거나, 짜증이 날 가능성이 있으니까요. 문제행동은 크게 내재화 행동과 외재화 행동으로 분류할 수 있는데, 이 둘은 무관하지 않고 서로 밀접한 관련이 있습니다.

'성격'이란 무엇일까?

우리 주변에 존재하는 수많은 빌런들. 이 책에서는 그러한 빌런들이 지닌 '어두운 성격 특성'이라 불리는 일련의 성격군을 다룰 예정입니다.

그렇다면 '성격'이란 뭘까요?

일반적으로 '성격'이라고 하면 사람에 따라 다양한 이미지를 떠올리거나 의문을 가질지도 모릅니다. 가령 성격은 타고나는 것인지, 일단 형성되고 나면 바뀌지 않는 것인지, 성격과 기질은 다른 것인지, 성격과 능력·기술은 무엇이 다른지 등과 같이 말이지요. 이 책에서는 주제별로 설명을 하면서 성격이란 무엇인지에 대해서도 살펴보고자 합니다.

이렇게 생각하면 어떨까요? '성격은 체중과 비슷하다'라고 말이지요. 그림 ①의 그래프는 2021년도 고등학교 3학년 남학생의 체중을 인원수 분포로 나타낸 것입니다. 체중은 '무겁다' 또는 '가볍다'로 단순히 분류할 수 있는 것이 아닙니다. 사람마다 수치가 조금씩 다르니까요. 물론 체중이 완전히 똑같은 사람도 있고, 그래프에서 알 수 있듯이 고등학교 3학년 남학생 중에는 체중이 30kg대로 매우 가벼운 사람부터 120kg이 넘을 만큼 무거운 사람도 있습니다. 하지만 대부분은 어느 정도 범위 내에 몰려 있고, 아주 가벼운 사람과 아주 무거운 사람은 그리 많지 않습니다.

또 체중은 안정적이지만 변화하기도 합니다. 다이어트나 식습관, 운동습관에 따라 늘기도 하고 줄기도 하지요. 다만, 모든 사람이 똑같이 행동했을 때 모두가 똑같이 체중이 늘거나 줄지는 않습니다. 사람에 따라 변동 폭도 다르고, 애초에 체격부터가 다르기 때문에 각 개인에게 맞는 최적의 체중도 다를 수밖에 없습니다.

성격도 이와 비슷합니다. 외향성(↔내향성)을 예로 들어 볼까요? 성격 검사 중엔 '외향형'과 '내향형'으로 분류하는 경우가 있는데, 실제로는 사람마다 수치가 조금씩 다르므로 그렇게 단순히 분류하기는 힘듭니다. 대부분은 평균치 가까이 위치하며, 극단적으로 외향적인 사람이나 극단적으로 내향적인 사람은 그리 많지 않습니다.

성격은 안정적이지만 변화합니다. 대학 등에 진학하거나 취업을

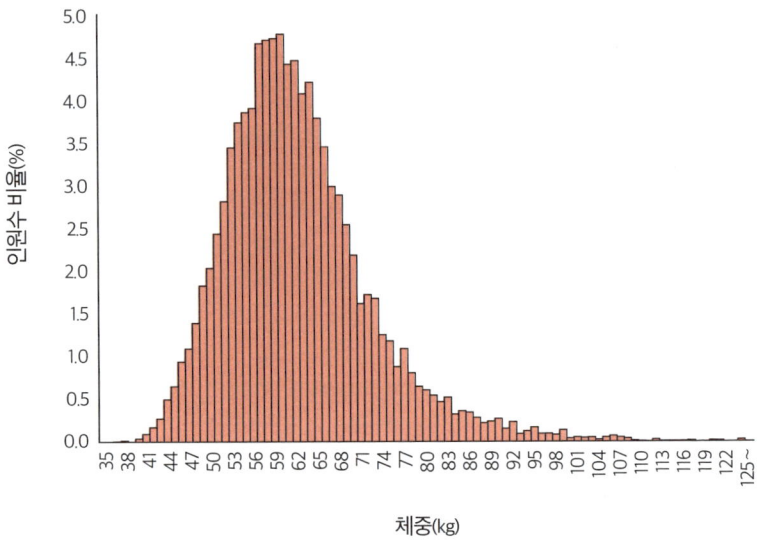

그림 ① 고등학교 3학년 남학생의 체중(2021년도)

해 새로운 인간관계가 생겨나기 시작하면 외향성도 영향을 받는다고 합니다.[4] 다만, 아주 내향적인 성격에서 아주 외향적인 성격으로 180° 변하지는 않습니다. 체중이 변화하는 것처럼, 생활에 변화가 생기면서 조금씩 달라지는 것이지요. '성격 특성'이라는 말을 쓸 때는 낮은 점수부터 높은 점수까지 연속적으로 사람들이 분포되어 있듯이 성격을 수치선으로 표현하는 것을 가리킵니다. 이 책에서 다루는 성격이란 여기서 설명한 '성격 특성'으로 표현되는 '연속성'을 가진 것이라 생각하면 됩니다.

좋은 성격과 나쁜 성격은 맞거울과 같다

1990년대 중반 이후 긍정심리학이 주목을 받기 시작합니다. 심리학에 대한 관심이 정신 병리나 인간의 약함 등과 같은 부정적 측면에서 인간의 강함과 미덕 등과 같은 긍정적 측면으로 옮겨 가는 커다란 흐름이 생겨난 것이지요.[5] 물론 우울과 불안, 약물남용, 조현병 등 여러 가지 문제에 대한 관심이 줄어든 것은 아닙니다. 예방이라는 관점에서, 문제를 사전에 방지하는 다양한 긍정적 의미들을 가진 심리적 측면을 강화하는 것에 관심을 갖게 되고 그 효과가 확인된 것이지요.

1990년에 긍정심리학이 주창된 이후 2021년까지 발표된 긍정심리학 관련 문헌의 특징을 정리한 연구가 있습니다.[6] 이 연구에 따르면, 이 기간 동안 전 세계 96개 국가 및 지역의 연구자들이 5,000권 이상의 긍정심리학 관련 연구논문을 발표했으며, 2020년 전후로는 이전보다 훨씬 많은 수의 논문이 발표되었습니다. 긍정심리학은 약 30년 만에 현재의 심리학 분야 가운데 비중 있는 연구 영역 중 하나로 발돋움한 것입니다.

21세기 초엽인 2002년에 마키아벨리즘, 사이코패시, 나르시시즘(자기애)이라는 세 가지 성격 특성이 주목을 받기 시작하면서, 공통적인 요소를 가지는 이 세 가지 성격 특성을 묶어 '어둠의 3요소(다크 트라이어드, Dark Triad)'라 부르자고 주창한 논문이 나왔습니다.[7] 이 논문의 집필자 중 한 명이 캐나다 브리티시컬럼비아대학교의 델로이 폴허스 교수입니다. 그 전까지는 이 세 개의 성격 특성이 따로따로 연구되어 왔습니다.

저는 학생 신분이었던 1990년대부터 나르시시즘에 대해 연구를 했는데, 마키아벨리즘이나 사이코패시에 관한 연구를 가끔 본 적은 있지만 이 둘을 함께 연구해 봐야겠다는 생각은 한 번도 해 본 적이 없었습니다. 이 세 가지 성격 특성은 각각 독자적인 연구 역사를 갖고 있습니다. 나르시시즘을 연구했던 당시에는 그 개념만 파고들어 연구를 했지, 다른 개념을 함께 묶어 연구해 봐야겠다는 생각을 하지 못했던 것 같습니다. 폴허스 교수가 주창한 어둠의 3요소는 독자적으로 이루어졌던 각각의 연구 사이에 놓여 있던 장벽을 허물고 서로를 연결하는 역할을 하게 되었습니다.

긍정적인 심리학적 측면이나 좋은 성격에 주목하는 것과 어둡고 나쁜 성격에 주목하는 것은 마치 맞거울과 같은 관계입니다.

애초에 심리학에서는 '성격(personality)'이라는 개념을 굳이 말하자면 가치중립적인 것으로 취급했습니다. 하지만 수업 중에도 종종 "좋은 성격이 뭔가요?", "어떤 게 나쁜 성격인 거죠?"라는 질문을 받을 때가 있습니다. 성격의 좋고 나쁨은 그 성격의 본질에 의해 결정되는 것이 아닙니다. 성격의 좋고 나쁨은 '어떤 결과로 이어지는가'로 판단됩니다. 좋은 결과로 이어지는 성격은 '좋은 성격'이고, 나쁜 결과로 이어지는 성격은 '나쁜 성격'인 것이지요. 언뜻 들으면 간단해 보이지만, 그리 간단한 이야기가 아닙니다. 성격이 좋은 결과로 이어질지 나쁜 결과로 이어질지는 상황에 따라 달라질 수 있기 때문입니다.

예를 들어, 혼자 있기보다 많은 사람과 함께 있어야 편안함을 느끼는 외향적인 사람은 사회적 관계가 요구되는 상황에서는 '좋은' 성격으로 간주됩니다. 하지만 코로나바이러스(COVID-19)가 창궐해 정부와 지자체에서 외부 활동을 자제하라고 요청하는 상황에서는 스트레스를 받거나,[8] 자가격리를 견디지 못하고 끝내 외출을 했다가 바이러스에 감염되어 버릴 가능성이 있습니다.[9] 이러한 상황에서는 외향성이란 성격 특성이 '바람직하지 못한' 성격이 되는 것이지요.

한편 긍정심리학 운동은 긍정적이고 바람직한 심리 특성과 좋은 성격을 연구 주제로 채택하기 쉽도록 진입장벽을 낮추는 효과를 가져왔습니다. 미래의 긍정적인 결과를 기대하는 '낙관성', 부정적인 사건을 겪어 우울한 상태를 이겨 내고 다시 일어서는 '회복탄력성', 인간관계와 자연 등 다양한 것들에 대해 느끼는 '고마움', 무언가를 끝까지 해내는 끈기를 뜻하는 '그릿(grit)', 스스로에게 긍정적인 감정을 느끼는 '자존감', 자신을 받아들이는 '자기수용', 명상 상태를 유도해 스트레스를 완화하는 '마음챙김(mindfulness)', 자신의 인생과 생활에 만족하는 정도를 뜻하는 '인생만족도'와 '생활만족도', 몸과 마음이 모두 충족된 상태를 뜻하는 '웰빙(well-being)' 등 긍정심리학 운동을 통해 발전된 연구 주제는 매우 다양합니다.

어둠의 3요소는 이 긍정심리학 운동의 이면에 해당하는 존재입니다. 긍정심리학이 확산되면서 비교적 '바람직하다'고 여겨지는 심리 특성과 좋은 성격을 다루는 기회가 많아졌는데, 그러한 흐름에 호응이라도 하듯 비교적 '바람직하지 못하다' 또는 '나쁘다'고 여겨지는 성격 특성을 연구하는 것에 대해서도 거부감이 줄어들었습니다.

심리학에서 좋고 나쁨을 연구하는 것

관점을 바꾸어 보면, '긍정심리학'과 '어두운 성격'이라는 두 측면은 지금껏 '이런 연구는 하지 않는 게 좋아'라는 이미지가 있었던 영역을 수면 위로 끄집어낸 것이기도 했습니다.

사실 심리학에서 '좋다', '나쁘다'를 아예 연구 대상으로 삼지 않았던 것은 아닙니다. 예를 들어, 발달심리학에서는 연령에 따라 좀 더 바람직한 방향으로 바뀌어 가는 심리적 측면의 변화를 연구하거든요. 하지만 제가 심리학을 공부할 때도 연구 시 가치관이 들어가는 판단은 신중히 해야 한다고 배웠습니다. 병리적인 상태를 정상으로 되돌리는 연구는 비교적 가치관이 명확합니다. 실제로 힘들어하는 사람이 있으니, 그 사람이 정상적인 방향으로 나아갈 수 있게 바로잡아 주는 것이지요.

그러나 정상범위 내에서 '보다 바람직한 것', '보다 바람직하지 못한 것'을 따질 때는 어떻게 판단하면 좋을지 그 기준이 애매합니다. 좋든 나쁘든 어쨌거나 '정상범위 내'이고, '건강한 일반인들의 범주' 안에 들어가는 문제이기 때문입니다. 물론 하루하루 살아가다 보면 우리는 기쁠 때도, 슬플 때도, 우울할 때도 있습니다. 다만 그것은 아무것도 손에 잡히지 않아 일도 공부도 끈기 있게 오랫동안 하지 못한다거나, 일상생활 자체가 불가능할 정도로 우울하고 슬픈 것과는 다릅니다.

일반인들의 범주 내에서 '좋다', '나쁘다'는 어떤 것일까요? 무엇을 기준으로 '좋다' 혹은 '나쁘다'라고 보는 것일까요? 긍정심리학과 어두운 성격에 대한 연구는 우리로 하여금 가치에 대한 판단을 고민해 보게 합니다.

어두운 성격을 측정하다

어둠의 3요소라는 개념이 등장하기는 했으나, 2000년대에는 그다지 주목을 받지 못한 채 시간이 지나고 맙니다. 그러다 이 흐름이 달라진 계기 중 하나가 바로 2010년에 피터 요나손이 발표한 'Dark Triad Dirty Dozen(DTDD)'이라 불리는 심리 척도입니다.[10] DTDD는 단 12개의 질문으로 어둠의 3요소를 측정하는 획기적인 심리 척도입니다.

그 전에 어둠의 3요소 연구, 즉 마키아벨리즘과 사이코패시와 나르시시즘 연구는 각각의 성격 특성을 연구하는 과정에서 개발된 독자적인 척도를 사용했습니다. 마키아벨리즘을 측정하는 척도인 Mach-Ⅳ는 20개 항목,[11] 사이코패시를 측정하는 심리 척도는 여러 가지가 있지만 그중 LSRP는 26개 항목,[12] SPR-Ⅱ는 60개 항목이나 됩니다.[13] 그리고 나르시시즘을 측정하는 척도로 흔히 사용하는 NPI도 해외에서는 항목이 40개인 버전이 많이 쓰입니다.[14] 이러한 심리 척도들을 사용해 어둠의 3요소를 측정하면 기본적으로 80개 이상의 항목에 답을 해야 하는데, 심리 척도를 어떻게 조합하느냐에 따라 때로는 100개 이상의 질문에 답을 하기도 했습니다.

그렇게 보면 단 12개 항목으로 어둠의 3요소를 구성하는 세 가지 심리 특성을 측정할 수 있다는 것이 얼마나 획기적인 연구였을지 상상이 되지 않나요? 그리고 실제로 DTDD가 발표된 이후인 2010년대에 어둠의 3요소와 관련된 연구가 전 세계에서 폭발적으로 증가했습니다.

그 시기 특히 유럽에서 개최된 성격심리학회에 가 보면, 어둠의 3요소와 관련된 연구 발표가 정말 많았던 것 같습니다. 저도 거기서 발표된 연구에 자극을 받아 유럽 학회에 참석했던 일본인 연구자들과 함께 DTDD 일본어판을 개발하여 2015년에 논문으로 발표했습니다.[15]

DTDD는 어둠의 3요소를 매우 간편하게 측정할 수 있게 만들어주었다는 점에서 의의가 큰데, 반면에 지나치게 간소화한 것이 아니냐는 비판도 있습니다. 그래서 마키아벨리즘, 사이코패시, 나르시시즘의 다양한 내용을 살짝 더 가미한 형태이면서 비교적 간편하게 어둠의 3요소를 측정하면 좋겠다는 생각에 개발한 것이 바로 'Short Dark Triad(SD3)'라는 심리 척도입니다.[16]

SD3를 개발한 사람은 어둠의 3요소를 주창했던 델로이 폴허스 교수와 그의 지도생이자 현재는 네바다대학교 리노캠퍼스의 심리학자인 다니엘 존스입니다. SD3는 마키아벨리즘, 사이코패시, 나르시시즘이 각각 9개 항목으로 구성되어 총 27개 항목으로 어둠의 3요소 전체를 측정합니다. 항목이 12개밖에 없었던 DDTD보다는 질문 개수가 조금 더 많은데, DTDD보다 어둠의 3요소가 의미하는 내용들을 좀 더 정확히 측정할 수 있지 않을까 기대가 모아졌습니다.

어둠의 3요소 연구가 확산되다

심리학의 다른 연구 주제도 마찬가지입니다. 측정 도구가 개발되면 그 영역에 대한 연구가 단번에 증가하게 되지요. DTDD와 SD3가 개발되자 전 세계적으로 어둠의 3요소에 대한 연구에 불이 붙게 됩니다.

실제로 관련 연구가 얼마나 늘었는지 수치로 살펴볼까요? 미국심리학회(APA)가 제공하는 심리학 관련 논문 데이터베이스인 사이크인포(PsycINFO)를 이용해, 논문 초록(요약문)에 'Dark Triad'라는 키워드가 들어간 문헌 수를 2001년부터 5년 간격으로 확인해 보겠습니다. 논문 초록에는 그 논문에서 다루는 중요한 주제가 실려 있습니다. 초록에 'Dark Triad'가 들어가 있다는 것은 곧 그 논문이 'Dark Triad'를 중요한 개념으로 다루고 있음을 의미하지요.

2001~2005년   5건
2006~2010년   24건
2011~2015년   203건
2016~2020년   506건
2021년 이후(2023년 12월 말까지)   408건

2011년 이후 발표된 논문의 수가 대폭 늘어났고, 현재에도 그 수준이 유지되고 있음을 알 수 있습니다. 그만큼 지금도 전 세계의 수많은 연구자들이 어두운 성격에 관심을 갖고 연구하고 있다는 뜻이겠지요.

자, 그렇다면 빌런들의 '나쁜 성격', 즉 '어두운 성격'이란 무엇일까요? 그것이 대체 우리에게 어떤 의미가 있을지, 지금부터 본격적으로 살펴보겠습니다.

제 1 장

어두운 성격이란 무엇일까

1. 전형적인 어두운 성격 네 가지

성격의 정의는 일단 제쳐 두더라도, 한 가지 분명한 건 성격을 언어로 표현할 수 있다는 점입니다.

20세기 초엽 미국의 심리학자 고든 올포트와 헨리 오드버트는 사전에서 사람을 형용하는 단어를 찾아 정리하는 연구를 실시했습니다.[17] 그 결과 어떠한 형태로든 간에 사람을 형용할 수 있는 단어가 약 1만 8,000개, 시간과 장소를 떠나 개개인의 안정적 특징을 표현하는 성격 용어로 사용될 수 있는 단어가 약 4,500개 있다는 사실을 발견했습니다. 말하자면, 사람의 성격을 표현하는 단어 수가 최대 그 정도인 것이라 할 수 있지요. 참고로 일본에서도 비슷한 시도가 있었습니다. 연구에 따라 다를 수는 있겠지만, 수백 내지 수천 개의 단어가 성격을 표현하는 데에 쓰이는 듯합니다.[18,19]

어두운 성격을 표현하는 말

그렇다면 어두운 성격은 어떻게 표현할 수 있을까요? 어두운 성격의 경우에는 복잡한 심리적 역동이 표현됩니다. 그러므로 '어둡다'라든가 '위험하다'와 같이 한 단어로 단순히 정의 내리기는 조금 어렵습니다.

연구에서 사용되는 심리 척도는 아니지만, 지금까지의 연구를 바탕으로 묘사 가능한 어두운 성격들의 특징을 서술한 짧은 문장들을 한번 볼까요? 각각의 문장을 읽고 자신이 얼마나 해당되는지, 자신이 평소에 이러한 생각을 얼마나 하는지 점검해 보세요. 평균 점수라든가 '몇 점 이상이면 당신은 ○○한 정도다'와 같이 특별히 정해진 기준이 있는 것은 아닙니다. 다만, 10개의 짧은 문장 중 '그런 생각을 자주 한다'는 항목이 절반 이상 해당되면 당신에게 그런 특징이 어느 정도 내재되어 있다고 말할 수 있겠지요.

다음에 나오는 네 가지 성격은 많은 연구가 이루어지고 있는 대표적인 어두운 성격입니다. 하나씩 살펴볼까요?

표 ① 어두운 성격의 특징

【 나르시시즘(Narcissism) 】

1 나는 남들보다 능력이 뛰어나다.
2 나는 주위 사람들에게 지대한 영향을 주고 있다.
3 주목을 받고 싶다.
4 나는 칭찬받아 마땅한 사람이다.
5 내가 없으면 제대로 되는 일이 없다.
6 나는 유명한 인물이 될 것이다.
7 주위 사람들을 구슬리는 것은 내 특기다.
8 비판을 받으면 화가 좀처럼 가라앉지 않는다.
9 내 약점을 보여 주기 싫다.
10 주목받지 못하면 속상하다.

【 사디즘(Sadism) 】

1 피가 난무하는 장면을 보면 심장이 뛴다.
2 과격한 격투기를 보는 것을 좋아한다.
3 괴기한 장면을 나도 모르게 몇 번씩 재생한다.
4 남이 고통스러워하는 모습에 나도 모르게 시선이 간다.
5 다른 사람이 고통받기를 기대할 때가 있다.
6 죽는 장면이 실감 나게 묘사되는 게임을 좋아한다.
7 솔직히 남에게 상처를 주고 싶다.
8 전투 장면을 보는 것이 즐겁다.
9 차량 사고나 자동차 충돌 영상에 나도 모르게 시선이 간다.
10 패배한 사람을 무시하고 싶을 때가 있다.

【 마키아벨리즘(Machiavellism) 】

1 힘 있는 사람은 내 편으로 두고 싶다.
2 복수를 하려면 최적의 타이밍을 기다려야 한다.
3 내게 불리한 사실은 굳이 전할 필요가 없다.
4 누군가를 내 입맛에 맞게 조종하는 것은 어렵지 않다.
5 뭔가 이용할 만한 정보가 없을지 항상 안테나를 세우고 있어야 한다.
6 타인을 굳게 믿는 것은 바보 같은 짓이다.
7 때로는 거짓말도 필요하다.
8 잘 안 풀리는 건 가능한 한 남에게 책임을 돌리고 싶다.
9 비밀을 끝까지 지키는 것도 중요하다.
10 우리가 사는 세상은 약육강식의 세계라 생각한다.

【 사이코패시(Psychopathy) 】

1 복수는 적당히 해서는 안 되고 냉혹하게 해야 한다.
2 내 적이 되면 절대 용서하지 않는다.
3 원하는 것은 반드시 손에 넣고야 만다.
4 쉽게 싫증을 낼 때가 많다.
5 계획을 철저히 세우기보다는 바로 행동으로 옮긴다.
6 돈이나 지위를 목표로 행동한다.
7 손해인지 이득인지를 따지는 것은 중요하다.
8 남이 괴로워해도 신경이 쓰이지 않는다.
9 남을 위해 무언가를 하는 것은 바보 같은 짓이다.
10 들키지만 않는다면 약간은 막되게 행동해도 괜찮다.

2. 마키아벨리즘과 사이코패시

마키아벨리즘의 발견

1950년대 중반 미국 컬럼비아대학교의 사회심리학자이자 성격심리학자인 리처드 크리스티는 정치적 행동을 연구하는 프로젝트에 참여해 연구하던 중 특정한 특징을 가진 사람들에게 관심을 갖게 되었습니다. 바로 민족적인 편견을 공공연히 말하고 다니는 사람들로, 정치적으로는 우파와 과격파에 속하는 이들이었지요. 문헌을 정리하다 보니 다른 사람들을 조종하는 것이 그 특징의 핵심이라는 생각이 들었다고 합니다.[20]

이러한 사람들의 특징은 다음과 같이 네 가지로 정리해 볼 수 있습니다.

첫째, 대인관계에서 감정이 결여되어 있습니다. 다른 사람들을 내 뜻대로 조종하려면 상대에게 공감할 것이 아니라 상대를 관찰하고 조사해야 할 대상으로 볼 필요가 있습니다. 상대에게 감정을 이입하면 그 사람의 시점에서 그 사람이 느끼는 기분을 똑같이 느끼며 사안을 파악하게 되는데, 상대에게 원치 않는 일을 시키려면 감정 이입을 하지 않는 것이 유리할 테니까요.

둘째, 도덕이나 윤리에는 관심이 없습니다. 보통은 다른 사람들을 자신의 생각대로 움직이려 하는 것을 그리 바람직하지 못한 행위라 여깁니다. 그런데 조종당하는 측과 조종하는 측의 입장을 가만히 보면, 상대를 조종하는 측은 무엇이 도덕적이고 무엇이 비도덕적인지 전혀 개의치 않는 듯 보입니다.

셋째, 심각한 정신 병리를 보이지 않습니다. 타인을 조종하는 특징을 보이는 사람은 다른 사람이 어떤 상황에 놓였는지, 또 현재 자신을 둘러싼 상황이 어떠한지와 관련하여 현실을 바로 보지 못하고 왜곡하여 보고 있을 가능성이 있습니다. 하지만 타인을 자기 마음대로 조종하기 위해서는 병리적인 범위가 아니라 정상 범위 내에서 사안을 바라볼 필요가 있습니다. 사실을 올바로 인지하여 계획적으로 상대를 조종해야 하니까요.

넷째, 이데올로기에 관심이 별로 없습니다. 타인을 자기 뜻대로 조종하려면 현재 주어진 일을 어떻게든 잘 끝내는 데에 초점을 맞춰야 합니다. 한편 사상이나 신조, 자신이 속한 집단이 추구하는 미래에 대해서는 별로 관심이 없습니다. 타인을 자기 뜻대로 조종하려는 사람은 장대한 이상보다는 자기 눈앞에 놓인 성공을 위한 전술에 초점이 맞춰져 있기 때문입니다. 사회 전체의 성취나 조직의 성공보다는 개인의 이익을 우선시하는 경향이 있지요.

크리스티는 다른 사람들보다 우위에 설 수 있는 권력을 손에 쥔 사람들을 대상으로 인터뷰를 진행하고 문헌 조사를 반복하던 중, 15세기부터 16세기에 걸쳐 이탈리아 피렌체공화국의 비서관과 외교

관을 역임한 니콜로 마키아벨리의 저서에 주목하게 됩니다. 마키아벨리의 저서에는 역대 군주들과 권력자들의 사례와 함께, 손에 넣은 권력을 계속 유지하기 위해 필요한 기량이 무엇인지가 나와 있습니다. 하지만 한편으로, 이 마키아벨리의 저서를 읽은 독자들 가운데에는 정치와 정치인을 부정적으로 바라보는 사람들도 많이 있었던 모양입니다. 그 결과, 17세기에는 이미 교활한 권모술수가 난무하는 정치적 논의 속에서 무슨 수를 써서라도 국가의 이익을 최우선으로 생각하는 자세를 '마키아벨리즘' 또는 '마키아벨리아니즘'이라 부르기 시작했습니다.

크리스티는 마키아벨리가 쓴 『군주론』의 내용에 합치하는 71개 항목을 모아 마키아벨리즘을 측정하는 Mach-Ⅱ라는 심리 척도를 만들었습니다. 참고로 'Mach'는 '마하'라 읽습니다. 이 척도에서 더 나아가 Mach-Ⅳ와 Mach-Ⅴ라 불리는 개정판 심리 척도가 나왔고, 마키아벨리즘에 관한 연구는 다방면으로 이루어지게 되었습니다.

마키아벨리즘의 특징은 '목적은 수단을 정당화한다'는 말로 집약됩니다. 사회가 정한 규칙을 경시하는 것, 더 나아가 전략적으로 타인을 이용하고 조종하려 하는 것, 삐딱하게 세상을 바라보는 것도 마키아벨리즘의 특징입니다. 그리고 측정된 마키아벨리즘의 특이점은 다음에 나오는 사이코패시의 특이점과 겹치는 부분이 많습니다. 이 점은 각 연구들이 서로 다른 배경을 갖고 이루어졌음에도 어두운 성격으로 중복되는 부분이 있음을 보여 주는 하나의 증거가 됩니다.

사이코패시라는 심리 특성

우선 한 가지를 짚고 넘어가겠습니다. '사이코패스(psychopath)'는 사람을 가리키는 말이고 '사이코패시(psychopathy)'는 사이코패스가 가진 심리적 특성을 가리키는 것이므로, 이 둘은 구별해 사용해야 합니다. 보통 '사이코패스'라는 표현은 엽기적인 특징을 가진 '인물'을 가리킬 때 쓰지요. 그런데 심리학 연구에서는 인물보다 성격 특성 자체에 주목하는 경우가 많습니다. 사이코패스가 가진 심리적 특징을 가리킬 때는 '사이코패시'라는 표현을 씁니다.

사이코패시라는 개념은 오래전부터 있었는데, 이 개념의 존재 자체를 부정하는 연구자도 긍정하는 연구자도 아주 많이 존재했습니다.[21] 19세기에는 프랑스의 정신과 의사 필립 피넬이 충동성과 폭력성을 동반하는 정신질환에 대해 기술했습니다. 그리고 그 후, 도덕적 광기라고도 번역되는 'moral insanity'라는 표현이 쓰이게 되었습니다. 이는 도덕불감증을 표현하는 용어로 지금의 사이코패시 개념과 통하는 부분이 있는데, 현재와 같이 정신 병리의 병태가 정리되기 훨씬 전에 쓰인 개념입니다. 이 단어로 표현할 수 있는 범주에는 조울증과 발달장애 등 여러 가지가 널리 포함됩니다.

20세기 들어 자기중심적이고 사회와 깊은 관계를 맺지 않으며 공격성과 충동성을 보이고, 죄책감이 결여되어 있으며 애정이 수반된 인간관계를 맺기 힘들어하는 특징을 가진 사이코패스에 대한 관심이 높아졌습니다. 사이코패스는 심리학이나 정신의학의 연구 대상으로서도 매우 흥미로운 인물상의 하나가 되었고, 사이코패스에 대해 다룬 책들이 많이 출간되었습니다.

당시 일본에서는 '사이코패시'라는 외래어보다는 '정신병질'이라는 말을 더 자주 사용했습니다. '정신병질'은 독일어 Psycho-pathisch를 번역한 표현입니다.[22] 이 독일어 단어 자체는 '정신장애적' 혹은 '정신병적'이라는 넓은 의미로 사용되면서 많은 정신적 장애를 포괄하는 의미를 갖고 있습니다. 그 후, 정신의학 연구가 발전을 거듭하는 과정에서 정신질환을 표현하는 새로운 전문용어가 쓰이기 시작하면서 '정신병질'이란 단어에서는 정신질환의 의미가 점점 사라지게 됩니다. 그 결과, 정신병질은 현재의 사이코패시에 가까운 의미를 갖게 되었지요.

그런데 '사회에 반하다'를 뜻하는 말에는 '반사회적'과 '비사회적'이라는 두 가지 표현이 있습니다. 반사회적이라는 표현은 '반사회적 세력'이나 '반사회적 집단'과 같이 사회의 상식이나 관습에서 벗어나는 것을 가리킵니다. 한편, 비사회적이라는 표현은 타인과 함께 있는 것을 피하며 사회와 거리를 둔 상태를 가리킵니다. 사이코패시 성향을 가진 사람을 '반사회적'이라 표현할 때가 있는데, 사실 의도적으로 타인에게 상처를 주려는 것이 아니라 본인이 가진 자기중심적인 욕구를 사회가 자꾸 방해하여 결과적으로 반사회적 상태가 되어 버리는 경우가 많다고 합니다. 이러한 점에서, 사이코패스는 반사회적이라기보다는 비사회적이라 표현해야 한다는 지적도 나오고 있습니다.[23]

전형적인 사이코패스

20세기 중반에 사이코패시라는 개념을 세상에 널리 퍼뜨린 사람은 미국의 정신의학자 허비 클레클리입니다. 1941년에 간행된 그의 저서 『The Mask of Sanity(정상인의 가면)』에는 당시의 정신질환 개념으로는 정의 내리기가 힘들었던, 사람들에게 해악을 끼친 사이코패스 15명의 사례가 상세히 기술되어 있습니다. 여기서 드러난 특징은 다음과 같은 16개 항목으로 정리해 볼 수 있습니다.

① 겉으로는 매력적이고 뛰어난 지성의 소유자다.
② 망상이나 기타 비이성적인 사고 징후가 보이지 않는다.
③ 불안이나 긴장 등 신경정신적 증상이 보이지 않는다.
④ 신뢰할 수 없다.
⑤ 진실함과 진정성이 없다.

⑥ 양심의 가책이나 수치심이 없다.

⑦ 명확한 동기 없이 반사회적 행동을 한다.

⑧ 판단력이 떨어지고 경험을 통해 학습하지 못한다.

⑨ 자기중심성이 병적인 수준이며, 사랑의 능력이 결여되어 있다.

⑩ 주요 정서반응이 전체적으로 빈약하다.

⑪ 특정 영역에서 통찰력이 결여되어 있다.

⑫ 전반적으로 대인관계에 무반응이다.

⑬ 술을 마시면(때로는 마시지 않아도) 기이하고 매력적이지 않은 행동을 한다.

⑭ 자살은 거의 하지 않는다.

⑮ 성생활은 비인간적이고 사소하며, 잘 통합되지 않는다.

⑯ 삶의 계획을 차근차근 실천하지 못한다.

하나하나 조금 더 구체적으로 살펴볼까요? 전형적인 사이코패스는 처음 만났을 때 매력적으로 보이며, 사고가 특이하다거나 무언가가 결여되어 있는 것처럼 보이지 않습니다. 정신적인 질환을 겪고 있는 것 같지도 않고, 오히려 온화한 사람처럼 보인다고 합니다. 그리고 처음 만났을 때는 언뜻 보기에 신뢰할 수 있을 듯 보이지만, 시간이 지날수록 여러 상황에서 책임감 없는 모습을 발견하게 됩니다.

또 사람들이 중요하다고 생각하는 가치관과 규칙을 완전히 경시하며, 전혀 개의치 않는 듯한 태도를 취합니다. 그리고 자신의 책임이 될 것 같은 사건은 어떻게든 회피하여 잘 넘어가 보려고 머리를 굴립니다. 이러한 사람들은 아무렇지 않게 타인을 속이거나, 보고도 못 본 체하거나, 괴롭히거나, 거짓말을 합니다. 때로는 그 행동이 사회가 용인하지 않는 위법한 행위가 되는 경우도 있지요. 법이나 사회적 관습에 반하더라도 자신이 원하는 것을 갖기 위해서라면 행동에 망설임이 없습니다.

심지어 사이코패스는 타인에 대한 배려나 애정이 없고, 자기 자신에게만 관심이 있습니다. 그뿐만이 아닙니다. 흥분, 분노에 찬 행동, 열광, 환희 등 전반적으로 감정적·정서적 반응이 결여되어 있습니다. 사이코패스는 충분한 지적 능력을 가졌음에도 때때로 치졸한 변명으로 책임을 회피하려고 하는 등 통찰력이 결여된 모습을 보이는 경우가 있습니다. 특히 어떠한 목표를 달성하기 위해 일을 꾸밀 때는 대인관계 속에서 감사의 감정이나 예의를 표하지 않습니다. 술을 전혀 마시지 못하는 사이코패스도 있지만, 알코올이 들어가면 무례한 태도를 보이거나 소동을 피우는 경우가 있다고 합니다.

때때로 사이코패스는 파멸적인 행동을 하는 것처럼 보이는데, 자살 기도를 하는 것과는 전혀 다릅니다. 이는 본인의 책임을 회피하려는 성향, 자책감이나 양심의 가책을 느끼지 않고 감정의 동요가 적다는 점 때문인 듯합니다. 다만, 자살을 암시하면서 타인의 동정을 사려고 하는 등 연기를 하는 경우는 있습니다. 이렇게 감정적인 면이 결여되었다는 특징은 연애나 성관계에서도 나타날 것입니다. 임기응변적인 대응을 계속하는 사이코패스들은 인생 전체의 목표를 세워 두고 착실하게 실천해 나가는 자세가 부족합니다.

사이코패시를 측정하는 도구

20세기 후반, 캐나다의 범죄심리학자 로버트 헤어는 사이코패스 연구로 유명해졌습니다. 그는 캐나다 밴쿠버에 위치한 교도소에서 심리학자로 근무하던 중 형을 치르면서도 좀처럼 달라지는 모습이 없는 수감자들의 특징으로 사이코패시라는 개념에 주목하게 됩니다.[24] 『진단명: 사이코패스-우리 주변에 숨어 있는 이상인격자』의 저자로도 유명하지요. 이 책에는 사이코패스 사례가 다수 등장합니다. 또 로버트 헤어는 사이코패시의 정신의학적 평가 도구로 전 세계에서 사용되는 체크리스트 PCL-R(Hare Psychopathy Checklist-Revised)의 개발자로도 유명합니다.

사이코패시 측정이 수월해지자 좀 더 쉽고 간단하게 측정할 수 있는 심리 척도도 개발되었습니다.

예를 들어, 다니엘 레빈슨의 1차적·2차적 사이코패시 척도는 공감능력이나 죄책감의 결여 같은 내면적인 문제를 나타내는 측면과 충동성과 일탈행동 같은 행동상의 문제를 나타내는 측면에서 사이코패시를 판정합니다.[25·26] 마키아벨리즘과 마찬가지로, 사이코패시 연구도 심리 척도가 개발되면서 단번에 확산되기 시작했습니다. 역시 심리학에서는 심리 척도라는 도구를 만들어 내야 연구가 큰 진전을 보이는 듯합니다.

또 인터넷 등에 퍼져 있는 '사이코패스 진단법'으로는 실제로 사이코패시나 사이코패스를 가려낼 수 없으니 주의하시길 바랍니다. 영국의 심리학자 케빈 더튼은 그의 저서 『천재의 두 얼굴, 사이코패스』에서 정신과 의사가 사이코패스라 진단한 수감자들을 대상으로 인터넷에 돌아다니는 '사이코패스 진단법'을 써 보았습니다.

과연 결과는 어땠을까요? 인터넷에 '사이코패스가 한 답'이라고 돌아다니는 답안을 진짜 사이코패스들은 단 한 명도 말하지 않았다는 충격적인 결과가 돌아왔습니다. 이 책에는 교도소에 수감된 사이코패스 중 한 명이 테스트를 받았을 때 "난 정상이 아닐지도 몰라. 하지만 그렇다고 바보는 아니야"라고 대답했다는 내용이 실려 있습니다.

'사이코패스'라고 했을 때 사람들이 떠올리는 이미지와 실제 사이코패스 사이에는 아무래도 간극이 존재하는 듯합니다.

3. 나르시시즘과 사디즘

나르시시즘이란 단어의 유래

'나르시시즘(자기애)'이라는 단어는 고대 그리스 신화의 나르키소스 이야기에서 유래한 것입니다. 나르키소스 이야기의 줄거리는 다음과 같습니다.[27]

어릴 때부터 많은 요정들에게 사랑을 받았던 미소년 나르키소스는 아름다운 외모 속에 차가운 오만함이 있어 다른 이들에게 관심이 없었습니다. 많은 소녀들이 나르키소스를 흠모했지만, 나르키소스는 그 누구의 마음도 받아 주지 않았습니다. 그런데 나르키소스를 사랑했지만 잔인하게 거절당해 모욕감을 느낀 누군가가 "나르키소스도 사랑을 하게 되지만 결코 사랑하는 그 상대를 얻을 수 없게 해 주세요"라고 빌었습니다. 그러자 여신이 그 바람을 들어주었습니다.

어느 날 더위에 지친 나르키소스는 샘물을 마시려다 수면에 비친 자신의 모습에 반하고 맙니다. 수면에 비친 자신의 모습을 사랑하게 되어 버린 것이지요. 하지만 그 상대는 절대 만질 수가 없습니다. 나르키소스는 그 자리에 앉아 식사도 거르고 잠자는 것마저 잊은 채 자신의 모습만 넋을 잃고 바라보았습니다. 결국 그는 점점 기력과 생기를 잃어 갔고, 그가 죽은 자리에는 수선화 하나만이 남았다고 합니다. 수선화를 영어로 'narcissus(나르시서스)'라 부르는데, 바로 이 그리스 신화 이야기에서 온 것이지요.

이렇게 자신의 모습에 반해 사랑에 빠진 나르키소스 이야기에서 나르시시즘이라는 단어가 나오게 됩니다. 이 단어를 학문의 장에 처음으로 도입한 사람은 영국의 의사이자 성(性)과학자이기도 한 해브록 엘리스였습니다.[28] 엘리스는 거울을 보며 자기찬미에 몰두하는 여성을 예로 들어 설명했고, 그것을 나르시시즘이라는 개념으로 발전시켰습니다. 엘리스가 상정하는 나르시시즘은 젊은 여성들이 보이는 병리적인 행동을 설명하기 위해 사용된 개념이었는데, 여기에서 더 나아가 애국심이나 외국인 혐오도 나르시시즘 개념을 사용해 설명하려고 시도했습니다. 그 후, 나르시시즘이라는 개념은 조금씩 확산되기 시작했지요.

정신 병리로서의 나르시시즘

본격적으로 나르시시즘 개념 그 자체를 깊이 파고들어 연구한 사람은 오스트리아의 정신과 의사이자 정신분석학 창시자인 지그문트 프로이트입니다.[29] 프로이트는 나르시시즘을 정신적 에너지인 리비도가 자아로 향하는 것으로 해석합니다. 프로이트가 나르시시즘에 대해 정의를 내리면서, 많은 정신분석가와 정신과 의사, 연구자들이 나르시시즘에 주목하게 됩니다.

미국정신의학회가 개발한 정신질환의 국제적 진단 매뉴얼은 '정신장애의 진단 및 통계 편람(DSM)'이라 부릅니다. 1980년에 간행된 DSM 제3판(DSM-Ⅲ)에는 자기애성 인격장애라는 질환이 실려 있습니다. 그 후, 1994년에 간행된 DSM 제4판(DSM-Ⅳ), 2013년에 간행된 제5판(DSM-Ⅴ)에도 자기애성 인격장애가 계속 들어가게 되면서 이는 DSM에 실린 10가지 인격장애 중 하나로 자리 잡게 됩니다.

표 ②에는 각 인격장애의 종류와 간단한 특징이 나와 있습니다. 이 표를 보면 지금까지 소개한 마키아벨리즘과 사이코패시의 특징도 반사회성 인격장애나 분열성 인격장애와 부분적으로 겹친다는 사실을 알 수 있습니다.

이런 항목들을 보다 보면 '나도 인격장애 아닌가?'라는 생각이 들지도 모릅니다. 하지만 개별 특징이 몇 가지 들어맞는다고 해서 인격장애라 판단할 수는 없습니다. 순서로 치면 반대입니다. 일상생활 영위가 곤란하고, 고통을 느끼며, 다양한 측면에서 기능장애를 일으키는 것이 전제가 되어야 합니다. 그러한 상황에서 그 원인을 살펴보다가 사회 평균에서 현저히 벗어난 지속적인 행동양식이나 사고방식, 패턴을 보인다면 그때 인격장애를 의심해 볼 수 있겠지요.

따라서 일상생활 속에서 현저한 고통이나 기능장애를 일으키지 않는 경우에는 '장애'나 '질병'으로 보지 않으니 그 점은 주의가 필요합니다.

표 ②　다양한 인격장애와 그 특징

A군

편집성 인격장애	타인에 대한 시기, 의심, 불신, 악의를 쉽게 느낌
분열성 인격장애	고립되고, 대인관계에 무관심하며, 차가움
분열형 인격장애	망상, 마술적 사고, 기묘한 사고와 화법을 보임

B군

반사회성 인격장애	규범을 지키지 않고 이기적, 충동적, 폭력적임
경계성 인격장애	버려졌다는 기분과 공허함을 느끼고, 자해 행동과 자살 생각을 함
연극성 인격장애	주목을 받으려고 과도하게 노력하며, 피암시성*이 높음
자기애성 인격장애	자신은 남들보다 뛰어나며 특권을 가졌다고 생각함

C군

회피성 인격장애	부정적인 평가에 예민하고, 열등감을 느끼며, 사회적으로 억제·위축된 모습을 보임
의존성 인격장애	대인관계에 의존하고, 보호와 돌봄을 받길 원하며, 주체성이 결여되어 있음
강박성 인격장애	고집이 세고 매사에 완벽을 추구하며 융통성이 없음

---

* **피암시성** 내부 또는 외부로부터 투입되는 자극을 암시로 받아들이고 그에 따라 행동하는 경향을 말한다. 즉, 타인의 암시에 영향을 받아 행동하거나 생각하는 경향을 나타내는 표현인데, 피암시성이 높으면 모든 정보를 무비판적으로 받아들이므로 최면에 쉽게 들 수 있다.

자기애성 인격장애의 진단기준을 보면 대략 다음과 같은 특징이 적혀 있습니다. '자신의 재능과 존재가치에 대해 근거 없는 과대한 자신감을 갖는다. 업적이나 권력, 뛰어난 지능과 외모, 멋있는 사랑 등 터무니없는 공상에 사로잡혀 있다. 자신은 특별하고 독특한 존재이니 대단한 사람들하고만 관계를 맺어야 한다고 믿는다. 칭찬받고 싶고, 마땅히 칭찬받아야 한다고 생각한다. 특별대우를 받을 권리가 있다고 생각한다. 목표 달성을 위해서는 타인을 이용해도 괜찮다고 생각한다. 타인에게 공감하지 못한다. 질투심이 강하고, 다른 사람들도 자신을 질투하고 있다고 느낀다. 오만하고 난폭하다.'

이러한 특징을 보면, 타인을 이용하거나 타인에게 공감하지 못하는 등 마키아벨리즘이나 사이코패시의 특징과 비슷하다는 생각이 들지 않나요?

지나치게 예민한 나르시시즘

자기애성 인격장애를 치료하다 보면, 자신에게 과도한 자신감을 품기보다 타인의 평가를 과도하게 의식하여 위축되는 과민형 또는 과잉경계형, 해리형, 취약형 등이라 불리는 유형이 나타나는 경우도 있다고 합니다.[30]

DSM에서 제시한 자기애성 인격장애는 주로 과대형 나르시시즘의 패턴을 가리킵니다. 한편 과민형 나르시시즘은 속으로는 영광을 꿈

꾸면서도 열등감과 무가치함을 느끼기 쉽고, 타인에게 칭찬을 받길 원하면서도 타인을 지나치게 부러워하거나 질투하고 쉽게 위협을 느낀다는 특징을 갖습니다.

언뜻 보면 과대형 나르시시즘과 과민형 나르시시즘은 전혀 다른 성격 특성처럼 보이지만, 근본적으로는 매우 유사합니다. 항상 타인이나 주위로부터 에너지를 받지 못하면 '잘난 내 모습'을 유지할 수 없다고 느끼는 것이지요. 과대한 자기애는 비교적 에너지를 잘 받고 있는 상태이고, 과민한 자기애는 에너지가 부족해 모든 것이 다 의심스럽고 두려운 상태라 생각하면 이해가 쉬울지도 모르겠습니다.

나르시시즘 판정 방법

1980년 DSM-Ⅲ에 자기애성 인격장애가 실렸는데, 그와 거의 비슷한 시기에 자기애 성격검사(NPI)라 불리는 심리 척도가 개발되었습니다.[31] 그리고 심리 척도를 이용한 나르시시즘 판정이 이때부터 활발하게 이루어지면서, 조사적 연구를 통해 나르시시즘의 구조와 특징이 밝혀지게 되었습니다.

예를 들어 측정된 나르시시즘의 구조를 통계적으로 검토한 결과, 나르시시즘의 과대한 특징이 칭찬을 받으려는 측면과 타인을 적대적으로 바라보려 하는 측면으로 나뉜다는 사실이 밝혀졌지요. 적대적이고 타인을 깎아내리려는 측면은 과민형 나르시시즘과의 경계에

위치하고 있다고 보입니다.[32]

또 나르시시즘의 병리적 측면을 측정하기 위한 병리적 자기애 척도도 개발되었습니다.[33] 이 척도는 다음과 같은 7가지 특징을 통해 별로 건강하지 못한 측면의 나르시시즘을 파악하기 위함입니다.

① **과대망상**　성공, 칭찬, 승인에 대한 망상에 사로잡혀 있는 것
② **자기희생적인 자기고양**　긍정적인 자기 이미지를 유지하기 위해 일부러 이타적인 행동을 하는 것
③ **착취성**　타인을 조종하는 경향
④ **권위적 분노**　특권의식이 충족되지 못할 때 느끼는 분노
⑤ **자존감의 수반성**　자존감이 쉽게 변하며, 칭찬이나 인정을 받지 못하면 쉽게 무너지는 것
⑥ **탈가치화**　자신을 칭찬하지 않는 사람에게 무관심한 것
⑦ **자기은폐**　자신의 실패를 타인에게 숨기는 것

이 중 과대망상, 자기희생적인 자기고양, 착취성은 나르시시즘의 과대한 측면을 보여 줍니다. 다만, 이것은 일반적으로 보이는 나르시시즘의 경향이라기보다는 문제로 이어지기 쉬운 다소 병적인 경향을 나타냅니다. 병리적 나르시시즘의 과대한 측면을 강하게 가진 사람들은 가능성이 희박한 성공에 대한 망상을 하면서 자신의 대단함

과 존재가치를 주위 사람들에게 알리려고 적극적으로 노력하는데, 가끔 마음에도 없는 사탕발림을 하거나 살뜰히 챙기는 등 신경을 쓰기도 합니다.

한편으로 이들은 다른 사람을 잘 구슬려서 자기 뜻대로 이용하고 움직이게 할 수 있다고 생각하는 과대한 믿음도 가진 듯합니다. 물론 이것이 잘된다는 보장은 없습니다. 모두 과대망상에 가깝기 때문입니다. 그런 점에서 그다지 건강하고 적응적인 상태라고는 말할 수 없지요.

또 권위적 분노, 자존감의 수반성, 탈가치화, 자기은폐는 나르시시즘의 과민하고 병리적인 측면을 보여 줍니다. 자신의 존재가 무시된다는 느낌이 들면 짜증이 나거나 분노를 느끼고, 자신의 단점을 남에게 절대 보여 주지 않으려 하기 때문에 대인관계에서 불편함을 느낍니다. 또 타인이 자신을 칭찬하거나 존경하거나 인정해 주지 않으면 자신감을 잃고 자신은 존재할 가치가 없다고 생각해 버리는 경우도 있습니다. 그리고 타인이 자신이 기대한 대로 행동해 주지 않을지도 모른다는 걱정이 너무 심하면 사람들을 피하기도 합니다.

나르시시즘의 병리적이고 과민한 특징은 단순히 인간관계를 힘들어하고 타인의 평가를 의식하는 태도를 보이는 것에 그치지 않습니다. 그 배경에는 자신이 대단하고 지위가 높은 인간이어야 한다는 생각이 자리하고 있습니다. 그런데 그것이 충족되지 않고 마음대로 풀리지 않는 현실을 직면하면서 기능부전에 빠져 버린 상태라 말할 수 있겠지요.

사디즘이란 단어의 유래

'사디즘'이라는 단어는 18~19세기 프랑스 혁명기에 살았던 귀족이자 소설가인 마르키 드 사드의 이름에서 유래했습니다. 사드는 학대와 방탕한 생활로 교도소에 수감되고 정신병원에도 강제입원을 당한 적이 있습니다. 그러는 가운데 몇 권의 소설을 집필했는데, 그 소설들은 패륜적, 성도착적, 폭력적, 비도덕적인 내용이 담긴 것이었습니다. 그래서 19세기에는 성적인 도착과 가학적인 경향을 사디즘이라 불렀습니다. 그런데 20세기 들어 예술가들과 소설가들이 그 내용을 평가하게 되면서 우리 문화에도 큰 영향을 미치게 되었지요.

사디즘은 타인을 지배하고, 벌을 주고, 굴욕을 안겨 주기 위해 타인에게 육체적 또는 정신적 고통을 가하는 일련의 행동, 인지적 경향, 대인적 특징을 가리킵니다.[34] '가학성 인격장애'라는 성격 장애가 DSM-Ⅲ의 개정판인 DSM-Ⅲ-R(1987년)을 편집할 때 제안되었지만, 정식 채용되진 않고 부록으로만 실렸습니다.

2013년에 나온 DSM-Ⅴ에는 '성적 사디즘 장애'라는 진단이 실렸습니다. 이는 성적인 흥분을 얻고자 타인에게 신체적 또는 육체적인 고통을 가하는 특징을 보이며, 그것이 동의를 얻지 못한 상대에게도

가해지거나 본인이 심한 고통과 기능상의 장애를 느끼는 경우를 가리킵니다. 성적 사디즘 장애는 성적인 장면에서 사디즘이 나타나 사회생활을 할 때 불편함을 야기하는 경우에 한정된 것이라 말할 수 있습니다.

DSM-Ⅲ-R 부록에 실린 가학성 인격장애 진단기준의 특징을 보면 사디즘의 특징이 명확하게 드러납니다. 가학성 인격장애는 타인에 대해 잔혹하고 공격적이며, 타인을 비하하는 광범위한 행동 패턴을 보여 줍니다. 대인관계 측면에서 신랄하고 적대적인 태도를 보이는 것, 타인에 대한 공감이 결여되어 있고 타인을 조종하는 경향을 보이는 것, 전체적으로 냉담하다는 것 등을 특징으로 꼽을 수 있습니다.

인지적 측면의 특징으로는 유연성이 없어 관용적이지 못한 모습을 보이기 쉽고, 무기나 전쟁, 범죄, 잔학한 행위에 매력을 느낀다고 합니다. 사회적 측면에서는 다른 사람들을 지배하고 가혹한 벌이나 굴욕을 줄 수 있는 높은 지위에 오르려 한다고 합니다. 이러한 특징들을 보면 법을 집행하는 위치, 예를 들어 교정시설이나 군대, 정치권, 사법 기관 등에서 일하는 사람들 중에 사디스트가 많다는 지적도 있습니다.[35]

사디즘의 특징

사디즘의 특징도 마키아벨리즘이나 사이코패시, 나르시시즘의 특징과 부분적으로 겹칩니다. 그래서 어둠의 3요소에 사디즘을 추가해 '어둠의 4요소(다크 테트라드, Dark Tetrad)'라고 하자는 주장이 나오게 되었습니다.[36]

어둠의 3요소와 어둠의 4요소를 주창한 사람은 '들어가며'에서 언급했던 폴허스 교수인데, 그가 사디즘 연구 발표를 하는 모습을 해외 학회에서 본 적이 있습니다. '벌레 죽이기 패러다임(bug-killing paradigm)'이라는 방법을 사용한 매우 흥미로운 연구였지요.

이 연구에서는 78명의 대학생에게 사디즘을 측정하는 심리 척도에 답하도록 했는데, 이때 참가자들에게는 이번 연구 주제가 '힘든 업무에 견디는 정도와 성격의 관계'라고 설명합니다. 그리고 참가한 대학생들은 '벌레를 죽인다(해충박멸업자)', '벌레를 죽이는 일을 돕는다(해충박멸업자의 조수)', '더러운 화장실을 청소한다(위생작업자)', '차가운 얼음물을 견딘다(한랭지역의 작업자)'라는 네 가지 일 중 하나를 선택해야 합니다.

'벌레를 죽인다(해충박멸업자)'를 선택한 대학생들 앞에는 커피원두 분쇄기를 개조한 살충기와 살아 있는 공벌레가 한 마리씩 들어간 컵 세 잔이 나란히 놓여 있습니다. 논문에 실린 사진을 보면 웬만한 공벌레보다 크다는 느낌이 듭니다.

공벌레가 들어 있는 컵에는 '머핀', '마이크', '토찌'라는 '이름'이 쓰여 있는데, 여기서 대학생들이 해야 할 일은 기다란 관을 통해 기계 안으로 공벌레를 떨어뜨린 뒤 뚜껑을 덮고 머핀이란 이름이 붙은 공벌레부터 순서대로 '갈아 버리는' 것이었습니다. 방에는 대학생 참가자들만 남겨졌고, 실험 담당자는 방 맞은편에 있는 컴퓨터 앞에 앉아 이메일을 체크하는 척을 했습니다.

관으로 공벌레를 기계 안에 밀어 넣고 뚜껑을 덮으면 '콰직' 하며 완전히 으깨지는 듯한 소리가 납니다. 이 소리를 들으면 실험 참가자들은 '벌레가 기계 안에서 분쇄되었구나'라고 생각하게 되지요. 하지만 실제로 '머핀'과 '마이크'와 '토찌'는 관 중간에 설치된 스토퍼에 걸려 아래로 떨어지지 않고 살아 있습니다.

그러고 보니 폴허스 교수가 학회에서 연구 발표를 할 때 '실제로는 피스타치오 껍질이 들어 있었다'고 말했던 기억이 납니다. 그렇게 한다면 공벌레를 넣지 않아도, 실제로 공벌레를 죽이지 않아도 그와 비슷한 소리를 낼 수 있겠네요.

참고로 벌레를 죽이는 것을 선택한 참가자들 중에는 세 마리 전부 죽인 참가자도 있고, 한 마리도 죽이지 않은 참가자도 있었으며, 한두 마리를 죽인 후 더 이상은 못 죽이겠다며 포기한 참가자도 있었습니다. 전체적으로 죽은 벌레는 평균 약 한 마리였다고 합니다.

'벌레를 죽이는 일을 돕는다(해충박멸업자의 조수)'를 선택한 경우에는 종이컵을 실험자에게 주면 실험자가 공벌레를 기계에 넣어 으깨 버리는데, 그 작업을 바로 옆에서 눈으로 직접 보게 될 것이라 말해 줍니다. '더러운 화장실을 청소한다(위생작업자)'를 선택한 경우에는 화장실용 청소기와 청소도구를 보여 준 뒤 옆방으로 가라고 합니다. 그리고 '차가운 얼음물을 견딘다(한랭지역의 작업자)'를 선택한 경우에도 얼음물이 담긴 장치가 옆방에 있다는 사실을 알려 주고, 옆방에 가도록 지시합니다. 하지만 옆방에 가 보면 아무 장치도 설치되어 있지 않고, 참가자들은 과제에 임할 필요가 없다는 말을 듣게 됩니다. 마지막으로 참가자들은 이러한 절차를 거친 후 어떠한 감정을 느꼈는지 묻는 심리 척도에 응답합니다.

벌레를 죽이는 것을 선택한 이는 전체 참가자 중 약 27%로, 남녀 비율은 거의 비슷했습니다. 그리고 다른 것을 선택한 사람에 비해 '벌레를 죽인다(해충박멸업자)'를 선택한 참가자들의 사디즘 평균 점수가 가장 높았다고 합니다. 그다음으로 높은 것은 '벌레를 죽이는 일을 돕는다(해충박멸업자의 조수)'를 선택한 참가자들이었고, '더러운 화장실을 청소한다(위생작업자)'와 '차가운 얼음물을 견딘다(한랭지역의 작업자)'를 선택한 사람들은 비교적 사디즘 점수가 낮은 경향을 보였습니다. 또한 사디즘 점수가 높은 사람은 공벌레를 죽인 뒤 어떤 감정을 느꼈냐고 물었을 때 점수가 낮은 사람에 비해 강한 쾌감을 느꼈다고 보고했습니다. '기분이 좋다'고 느낄 수 있다는 뜻이지요.

사디즘 경향이 강한 사람은 벌레를 죽일 때, 즉 인간이 아닌 다른 대상에게 가학적인 행위를 할 때 희열이나 즐거움 같은 기쁨의 감정을 느끼는 경향이 있다고 할 수 있습니다. 이 연구는 심리 척도로 측정한 사디즘의 특징을 명확히 보여 주기 위함이지만, 공벌레를 죽이는 방법을 사용했다는 점이 매우 흥미로웠던(이렇게 느끼는 것도 어쩌면 가학적이라 말할 수 있겠지만) 인상 깊은 논문이었습니다. 그리고 다른 어두운 성격들과 마찬가지로, 사디즘을 판정할 수 있는 심리 척도가 개발되면서 연구가 좀 더 많이, 그리고 좀 더 다양하게 이루어지게 됩니다.

4. 제5의 성격 '악의'와 어두운 성격의 중심

다섯 번째 어두운 성격, 악의란 무엇인가

　최근 어둠의 4요소인 마키아벨리즘, 사이코패시, 나르시시즘, 사디즘에 '악의(Spitefulness)'를 추가한 '어둠의 5요소(다크 펜타드, Dark Pentad)'에 관한 연구도 이루어지고 있습니다. 아마 이런 말을 하면 '어두운 성격이 도대체 몇 가지나 되는 거야?'라는 생각이 들 텐데, 일단은 '악의'라는 개념부터 살펴볼까요?

　영어권에서 쓰는 표현 중 "내 얼굴에 화가 나서 내 코를 자른다

(Cutting off one's nose to spite one's face)"라는 말이 있습니다. 너무 화가 난 나머지 자신에게 손해가 될 짓을 저지른다는 의미로 쓰입니다. 이 관용구 앞에 "Don't"를 붙이면 "앞뒤 생각 없이 바보 같은 짓 하지 마"라는 의미가 되겠지요.

악의란 상대뿐만 아니라 자신에게도 위해를 가하는 행위를 가리킵니다. 실제로 자신에게 즉각적인 위해가 가해지지 않아도 상관없습니다. '이렇게 대책 없이 행동했다가는 내 이미지가 나빠질지도 몰라'라는 생각이 들 만한 행위라든가, 보복을 당한대도 어쩔 수 없다며 그냥 밀고 나가는 행위처럼 자신에게도 부정적인 결과가 나타날 것이 분명한 행위도 여기에 해당됩니다.

악의적인 행위는 우리 주변에 생각보다 많습니다. 예를 들어 자녀가 가출을 하는 데에는 다양한 이유가 있는데, 부모의 언행을 견디다 못해 '내가 없어지면 엄마랑 아빠가 당황하겠지?'라는 생각에 가출을 하는 것은 자신에게도 해가 될 만한 행위를 일부러 선택하는 것이므로 악의적 행위라 할 수 있습니다. 또 실제로 실행에 옮기지 않더라도 자살을 암시하여 상대를 당혹스럽게 만들려 하는 것도 악의적 행위 중 하나입니다.

그 밖에도 이혼이나 자녀의 친권 문제로 협상을 할 때, 화가 난 나머지 상대와의 관계를 해칠 수 있는 말과 행동을 하는 것도 악의의 한 예로 꼽을 수 있습니다. 또 논문에 자주 인용되는 예인데, 범인이 죽음을 각오하고 자살테러를 벌이는 것도 악의적 행위입니다. 타인에게 감정적, 법적, 신체적인 위해를 가하기 위해 자신의 희생도 불사하는 행위이기 때문이지요.

악의가 성립하는 조건을 진화론과 경제학 이론으로 설명하려는 시도도 있습니다.

예를 들어, 진화생물학자의 설명에 따르면 상대와 공유하는 유전자가 집단의 평균 구성원보다 적은 경우에 악의적 행위를 보일 수 있다고 합니다.[37] 다시 말해, 가족이나 친척처럼 자신과 유전적으로 겹치는 부분이 많은 상대에게는 악의적 행위가 그다지 나타나지 않고, 자신과 유전적으로 아무런 관계가 없는 타인에게는 악의적 행위가 나타나기 쉽다는 것입니다. 다만 인간 이외의 동물은 자기와 상대가 혈연관계에 있음을 정확히 인식하기가 힘듭니다. 인간만 그런 인식이 가능하다는 점을 고려하면, 순수한 악의적 행위가 가능한 것은 인간뿐이며 인간 이외의 동물은 그러기 쉽지 않아 보입니다.

한편 최후통첩게임이라는 경제적 실험이 있습니다.[38] 이 게임에서는 참가자 2인이 각각 제안자와 응답자가 됩니다. 그리고 두 사람 앞에는 1만 원이 놓여 있습니다. 두 사람 중 제안자 역할을 맡은 사람은 1만 원을 어떻게 나눌지 응답자에게 제안할 수 있습니다. 예를 들어, 제안자가 둘이서 각각 5,000원씩 나누어 가지면 어떻겠냐고 제안하면 응답자는 제안받은 분배액을 받아들일지 거부할지 선택할 수 있습니다. 응답자가 제안을 받아들이면 제안한 대로 각각 5,000원씩 나누어 가질 수 있지만, 응답자가 제안을 거부하면 둘 다 한 푼도 받지 못하게 된다는 것이 이 게임의 룰입니다.

이 게임에서 최대한 많은 금액을 획득하기 위해서는 어떻게 하면 좋을까요? 응답자는 제안자가 어떤 제안을 하든, 설령 "10원만 줄게"라는 제안이라 해도 그 제안을 받아들여야 합니다. 응답자의 선택은 제안을 받아들이거나 거부하는 것 두 가지뿐인데, 제안을 거부하여 한 푼도 못 받는 것보다는 10원이라도 받는 편이 이득이기 때문입니다.

물론 "10원만 줄게"라고 말하는 제안자는 거의 없지만 1만 원 중 2,000~3,000원만 주는 등 금액을 적게 나누어 주려는 경우는 있습니다. 그럴 때 간혹 응답자 중에 그 제안을 거부하는 경우가 있습니다. '이건 좀 너무하다'라고 느끼기 때문이지요. 하지만 그렇게 되면 결국 둘 다 한 푼도 갖지 못하게 됩니다.

제안자가 '자신의 이익은 많이, 상대의 이익은 적게 제안하는 것'은 응답자 입장에서 보면 자기가 더 많이 가지려고 욕심을 부리는 행위로 보입니다. 그러한 행위를 보게 되면, 설령 자신이 손해를 보더라도 상대가 이득을 보지 못하게 하고 싶다는 마음이 생기게 되지요. 이처럼 자신이 손해를 본다 해도 나쁜 짓을 하려는 상대를 응징하는 행동을 우리는 '이타적 처벌'이라 부릅니다.

이 경우 응답자의 판단은 매우 악의적입니다. 이러한 게임을 할 때 대다수는 악의적이지 않은 판단을 내리지만, 일관적으로 악의적인 판단을 내리는 사람들이 소수 있다고 합니다.[39]

미국 워싱턴주립대학교의 마커스 연구팀은 악의의 개인차를 측정하는 심리 척도를 개발했습니다.[40] '싫어하는 사람의 이미지를 깎아내리기 위해서라면 내 이미지가 나빠지는 것도 감수할 수 있다', '기회가 있으면 돈을 지불해서라도 싫어하는 동급생이 기말시험을 망치게 하고 싶다' 등과 같은 항목으로 악의의 개인차를 측정했습니다. 이러한 심리 척도가 개발되면서, 최후통첩게임을 일일이 해 보지 않더라도 악의적 판단을 내리는 경향이 있는 사람을 쉽고 간편하게 파악할 수 있게 되었습니다.

어두운 성격의 하나인 '악의'에 대한 연구가 전 세계로 조금씩 확산되고 있습니다. 이는 악의적 경향을 측정하는 심리 척도가 개발된 덕분입니다. 해당 연구 분야가 얼마나 발전하느냐는 '심리 척도의 개발'에 상당한 영향을 받는다는 점을 알 수 있습니다.

어두운 성격의 중심

그렇다면 어두운 성격의 중심이 되는 요소는 어떤 것일까요?

앞서 어둠의 3요소와 어둠의 4요소를 구성하는 어두운 성격 특성에 대해 설명했는데, 심리학에서는 지금까지 반사회적인 행동을 보이는 것이 특징인 성격 특성과 성격이랑 유사한 특징을 가진 심리 특성을 연구 대상으로 삼았습니다.

예를 들어, 독일의 철학자이자 사회학자, 심리학자이기도 한 테오도어 아도르노는 1950년에 출간된 저서에서 권위주의적 성격이라는 개념을 주창했습니다.[41] 20세기 전반에는 전체주의적이고 배외주의적인 정치이념을 가진 파시즘이 대두되면서 나치스 정권과 반유대주의, 홀로코스트 문제 등이 나타났습니다. 권위주의적 성격은 엄격하고 기존의 관습과 규범을 고집하며 자신이 믿는 룰을 밀어붙이는 특징을 가집니다. 또 아무런 의심 없이 자신이 속해 있는 권위에 맹목적으로 복종하는 태도도 보입니다. 권위주의적 성격의 소유자들은 자신이 믿는 관습과 규범, 룰을 지키지 않는 사람들을 경멸하고 공격하기도 합니다.

권위주의적 성격은 현재 우익권위주의(RWA)라고 불리며, 관련 연구도 이루어지고 있습니다.[42] 우익권위주의의 특징은 권위에 대한 복종, 자신이 소속된 집단의 규범을 일탈하는 사람에 대한 공격성, 그리고 전통적인 가치관을 중시하는 경향입니다. 우익권위주의는 아도르노가 말한 권위주의적 성격 중 일부에 주목하여 권위주의적인 특징을 명확히 하려 합니다.

또 영국의 심리학자 한스 아이젠크는 활발하고 사회적인 자극을 추구하는 외향성(E), 불안이나 우울을 쉽게 느끼고 감정이 쉽게 불안정해지는 신경증 성향(N), 그리고 충동적이고 무책임한 행동을 보이는 정신병적 성향(P), 이 세 가지를 인간의 근본적인 성격 구조라고 보는 PEN 모델을 주창했습니다.[43] 이 세 가지 성격 특성은 '자이언트 쓰리(Giant three)'라고도 불리는데, 이 중에서 정신병적 성향은 반사회적인 행동이나 리스크가 큰 행동과 관련이 있다는 점에서 어두운 성격과의 공통점이 엿보입니다.

독일의 심리학자 모샤겐과 네덜란드의 심리학자 제틀러는 어둠의 4요소에서 더 나아가 광범위한 어두운 성격의 특징을 집약하는 과정에서 성격의 어두운 측면을 통합하는 인자를 발견했습니다.[44] 이는 '다크'의 머리글자를 따 'D인자'라고 불립니다.

D인자가 높은 경우 몇 가지 특징이 있습니다. D인자가 높은 사람들은 다른 사람을 희생시켜서라도 자신의 이익을 최대한 추구하려 합니다. 여기서 말하는 이익이란 단순히 구체적인 물건이나 금전만을 의미하지 않고 지위나 권력 같은 사회적 입장, 우월감이나 즐거움 같은 쾌락까지 모든 것을 포함합니다. 하지만 가령 운동을 하면 기분이 좋아지는데, 운동은 타인을 희생시키는 착취적인 행동을 하면서 자신의 이익을 우선시하는 것이 아니므로 D인자와는 관련이 없습니다.

또한 타인으로부터 직접적으로 무언가를 얻는 행위만 포함되진 않습니다. 다른 사람에게 위험이 닥칠 것을 알면서도 경고하지 않고, 그 사람이 위험한 상황에 처하는 것을 못 본 척함으로써 자신이 우위에 서는 경우도 해당됩니다. 이처럼 자신이 다른 사람을 위해 치러야 할 희생을 회피하여 타인에게 부담을 주고 자신의 이익을 최대한 추구하는 것도 D인자의 특징 중 하나입니다. D인자가 높은 사람들이 보이는 행동상의 특징은 항상 자신의 이익을 위해 타인에게 불이익이 될 만한 행동을 하고, 부담은 자신에게 오고 이익은 타인에게 돌아갈 만한 행동은 최대한 피하려 한다는 점입니다.

또 D인자가 높은 사람들을 보면, 타인의 결과는 실제보다 더 안 좋게 보고 자신의 결과는 실제보다 더 미화하여 보는 경향이 있습니다. 이러한 특징 때문에 D인자가 높은 사람들은 자신이 다른 사람들보다 뛰어나다고 생각하거나, 다른 사람들은 자신보다 열등하다고 생각하거나, 사람들을 지배하는 것을 당연하게 생각하거나, 인간은 누구나 자기 자신이 제일 먼저라고 생각하는 경향이 있습니다.

모샤겐 연구팀은 D인자로 표현되는 성격 경향을 모아서 분석한 뒤, 그 핵심이 되는 요소를 추출하고자 했습니다. 연구팀은 이를 '다크 코어(Dark Core)'라 불렀습니다. '어둠의 핵심' 같은 느낌이지요. D인자를 통계적으로 분석한 결과, 다음과 같은 9가지 요소가 핵심에 포함된다는 사실이 밝혀졌습니다.

① **에고이즘** 타인의 행복을 희생시키더라도 자신의 이익을 추구

하는 자기중심적 경향

② **마키아벨리즘**　전략적인 경향이 있으며, 자신의 이익을 위해 타인을 무자비하게 이용하는 경향

③ **도덕적 해리**　비도덕적인 행동에 아무런 죄의식을 느끼지 못하고 태연한 태도를 취하는 경향

④ **나르시시즘**　자신을 실제보다 이상화된 이미지로 인식하게 만들어 주는 것들만 수용하려는 경향

⑤ **심리적 특권의식**　타인보다 많은 이익을 얻을 권리가 있으며, 특별한 취급을 받아야 한다고 생각하는 경향

⑥ **사이코패시**　감정반응이 결여되어 있어 냉담하고, 자기통제가 없으며, 충동적인 경향

⑦ **사디즘**　의도적으로 타인에게 육체적·정신적 고통을 가하거나, 괴로워하는 모습을 보며 쾌감을 느끼는 경향

⑧ **자기이익 추구**　물질, 금전, 지위, 인정, 성적, 행복 등 사회적으로 바람직하다고 여겨지는 이익을 추구하는 경향

⑨ **악의**　자신에게 해를 끼칠 가능성이 있음을 알면서도 일부러 타인을 괴롭히거나 상처 주는 경향

이 중에서 도덕적 해리, 심리적 특권의식, 자기이익 추구, 악의 등은 어둠의 4요소의 구성요소로 확실하게 언급되진 않았지만, 심리

적 특권의식과 같이 나르시시즘의 일부로 봐야 한다는 의견도 있습니다. 어쨌든 이들은 서로 겹치는 부분이 있다고 보고된 성격 경향입니다. D인자 연구가 진행되는 과정에서, 어두운 성격의 구조 중 중요한 요소로서 이러한 경향이 표면화되었다고 말할 수 있습니다.

제 2 장

빌런과 리더십, 일, 그리고 사회적 성공

1. 빌런과 리더십

빌런의 어두운 성격은 인간관계 속에서 그 특징이 드러납니다. 특히 집단이나 조직 내에서 특징이 겉으로 드러나는 경우가 있습니다.

 타인을 자기 뜻대로 이용하는 것, 타인의 기분은 고려하지 않는 것, 좋은지 나쁜지 상관하지 않고 자기 마음대로 진행하려는 것, 자신의 이익을 최우선으로 생각하여 타인에게 부담이 되든 말든 전혀 개의치 않는 것……. 이처럼 어두운 성격은 인간관계 속에서 그 특징이 여실히 드러납니다. 이는 회사 내에서도 마찬가지입니다.

어두운 성격의 대표 주자인 악랄한 경영자

어두운 성격의 예로 자주 꼽히는 인물 중에 앨버트 존 던랩이 있습니다.[45]

 던랩은 1990년대에 미국 재계에서 유명한 경영자로 잘 알려진 인물이었습니다. 회원제 창고형 대형마트인 코스트코에 가면 'Scott'이라는 로고가 찍힌 스콧페이퍼의 화장지나 페이퍼타월 등을 쉽게 볼 수 있지요.

던랩은 1990년대 중반에 몇 군데 회사에서 경영자로서의 경력을 쌓은 후, 당시 미국 최대 위생제지품 제조 및 판매 회사였던 스콧페이퍼의 CEO가 됩니다. 그리고 1995년, 종이기저귀와 위생용품을 생산하는 기업인 킴벌리클라크에 스콧페이퍼를 바로 매각합니다. 여기에 스톡옵션(자사 주식을 미리 정해 둔 가격으로 구입할 수 있는 권리)과 주가 상승까지 더해지면서 던랩은 많은 자산을 얻게 되었습니다.

1996년에 던랩은 선빔의 회장 겸 CEO로 취임합니다. 선빔은 1960~1970년대 미국을 방불케 하는 토스터기나 믹서 등의 가전제품을 제조하는 회사였습니다. 옛날 미국 영화를 보면 자주 나오는 커다란 은색 토스터기를 만드는 회사였지요. 던랩은 이 회사에서도 단기간에 어떻게든 이익을 내서 다른 회사에 통째로 매각하려는 계획을 세웁니다. 하지만 결과적으로 그 계획은 실패하고 맙니다.

앨버트 던랩의 경영 방법은 직원들을 줄줄이 해고하고 불필요한 (불필요하다며 판단을 강요한 셈이지만) 공장을 폐쇄함으로써, 다운사이징을 통해 비용을 절감하고 결과적으로 이익이 증대되는 것처럼 보여주는 것이었지요. 어느 누구 할 것 없이 보이는 족족 해고하는 바람에, 전기톱으로 목을 베어 버린다는 의미의 '전기톱 앨'이라는 별명까지 붙었습니다. 그런데 던랩 자신은 직원들에게 해고한다는 말을 직접 하지 않았습니다. 자신은 최대한 뒤로 빠진 채 자신의 부하직원들을 시켜 해고 사실을 전하게 했지요. 가능한 한 자기 손은 더럽히지 않고 부하직원들만 나쁜 놈으로 만들었다는 점도 그의 특징 중 하나입니다.

던랩이 CEO로 있던 시절의 선빔은 미국의 저널리스트 존 번이 쓴 『Chainsaw: The Notorious Career of Al Dunlap in the Era of Profit-at-Any-Price(전기톱: 이익만을 추구하던 시대, 앨 던랩의 악명 높은 질주)』에 자세히 묘사되어 있습니다. 예를 들어, 던랩은 자신의 이미지를 좋게 포장하기 위해 복잡하게 얽혀 문제가 많은 자신의 사생활은 거의 공개하지 않았습니다. 또 과거의 실적과 경험, 경력을 날조하거나 과장하여 퍼뜨리는 경우도 많았다고 합니다. 그리고 지배욕이 강하며 다혈질이라 한번 화가 나면 아무도 말릴 수 없다는 점을 함께 일하는 사람들은 모두 알고 있었습니다.

이런 상사 밑에서 일하는 직원들은 마음이 어땠을까요? 이것도 책에 잘 나와 있습니다.

던랩 앞에만 서면 직원들은 죄다 다리가 후들거리고 위경련이 일어났다고 합니다. 직원들은 자칫 잘못해 던랩의 역린을 건드리게 되면 어떡하나 벌벌 떨면서 중압감을 견뎌야만 했습니다. 마치 어딘가 묻혀 있는 지뢰를 자신이 언제 밟게 될지 몰라 항상 두려움에 떠는 상태인 것이지요. 직원들은 단순히 '중압감을 느낀다'는 정도를 넘어서 '잔인'하다고까지 말했습니다. 또 선빔의 한 간부는 "너무 엄격해서 힘든 사람과 악의적이고 더티한 사람은 다르다"라고 말했습니다.⁴⁶ 던랩은 직원들로 하여금 밤늦게까지 업무 걱정을 하게 만드는 힘든 상사라기보다는, 상대를 공포로 옭아매는 악의적인 인간에 가깝다는 것입니다. 상대를 계속 협박하고, 폭력적이며, 골수까지 쪽쪽 빨아먹으려는 사람이란 뜻이지요.

심지어 던랩은 쓸 만하다고 판단한 직원에게는 이례적으로 높은 액수의 연봉을 제시하기도 했습니다. 그래서 직원들은 원래대로라면 하지 않았을 비리에 손을 대는 상황에 내몰리게 되었지요. 간부들 가운데는 수백만 달러 규모의 보수를 받기 위해 자신의 양심을 저버리는 행위를 정당화하는 사람도 있었습니다. 던랩은 당근과 채찍을 사용해 자신의 뜻대로 사람을 부리는 짓을 반복했습니다.

한편, 앞서 말했듯이 던랩은 자신의 손은 더럽히지 않으려고 직원들에게 직접 해고를 명하지 않았습니다. 여기서 '던랩만큼 쉽게 상처받고, 그러면서도 거대한 자아를 가진 인물은 드물었다'라는 특징이 엿보입니다. 자신이 상처받겠다 싶으면 회피하고, 레이오프[*]나 공

---

* 레이오프(lay-off) 기업이 일정 기간 동안 노동자를 집에서 쉬게 하는 일시적 해고를 뜻하지만, 사실상 해고나 다름없다.

장 폐쇄 등과 같이 원망을 살 만한 조치는 모두 다른 사람에게 맡기며, 자신의 업적은 과대 포장하여 칭찬을 받으려 했던 것입니다.

던랩의 행동 패턴을 보면 그야말로 어두운 성격에서 나타나는 특징들이 딱 들어맞는 것 같습니다.

카리스마 있는 리더에게서 많이 보이는 어두운 성격

자신을 따르는 무리에게 심리적인 영향을 미치고, 큰 감동을 주어 신념과 가치관 등에 영향을 줌으로써 성장을 돕는 리더십을 '변혁형 리더십'이라 부릅니다.[47] 그에 반해, 성공이나 실패를 했을 때 보상이나 벌을 줌으로써 행동을 유도하는 리더십은 '교환형 리더십'이라 부릅니다. 그리고 또 하나의 리더십 유형으로, 리더가 별로 관여하지 않고 구성원의 자주성과 창의성을 키워 주려 노력하는 '방임형 리더십'도 있습니다. 이 외에도 리더십에는 다양한 유형이 존재하며 많은 논의가 이루어지고 있습니다.

애초에 리더십이란 특정 집단 또는 조직의 목표 달성을 위해 타인에게 영향을 주고 지원을 하며, 노력을 유도하고 동기부여를 하는 등 다른 사람들을 이끌어 나가는 과정 전반을 가리킵니다.[48] 그리고 리더십에는 리더와 구성원들이 서로 영향을 주고받는 호혜성, 리더와 구성원들이 모두 보수를 늘리기 위해 시간과 에너지와 기술을 교환하는 교환성, 리더가 구성원들의 마음을 움직여 가치관에 영향을 주는 변혁성, 구성원들이 자발적으로 리더의 뜻을 수용하는 협력성 등 여러 가지 요소가 포함됩니다.

어두운 성격의 소유자로 보이는 리더는 어쩌면 카리스마 있는 리더가 아닐까요? 앞서 소개했던 던랩도 주위 사람들(던랩의 직속 부하직원이 아닌 투자자나 일반인들)로부터는 카리스마 넘치는 경영자라 평가받았습니다.

사회학자 막스 베버는 권력자가 사회를 정당하게 지배하는 형태로 전통적 지배, 합법적 지배, 카리스마적 지배라는 세 가지 유형을 제시했습니다.[49] 전통적 지배는 기존의 관습이나 혈연, 가문 등에 근거한 것으로 세습제에 기초한 지배가 대표적인 예입니다. 합법적 지배는 절차와 규칙, 법률 등에 근거한 것으로 법치국가 내의 지배관계를 가리킵니다. 그리고 카리스마적 지배는 초인적이고 비일상적인 자질과 기술에 근거한 지배를 말합니다. 신의 계시에 기초하여 지배관계가 성립하거나, 예언이나 기적에 기초하는 경우에 카리스마적 지배가 성립합니다.

카리스마적 리더는 비범한 재능을 가졌거나 비범한 재능을 가진 것 같아 보여 그 재능에 매료된 사람들에게 먹히는 유형입니다. 변혁형 리더십에 카리스마적 리더의 행동이 일부 포함될 때가 있습니다.

카리스마적 리더의 대표 주자, 스티브 잡스와 일론 머스크

카리스마적 리더라고 하면 가장 먼저 떠오르는 대표적인 인물로 스티브 잡스[50]와 일론 머스크[51]가 있습니다.

스티브 잡스는 지인인 스티브 워즈니악과 함께 1976년에 애플을 설립한 인물이지요. 도중에 애플에서 퇴직(당)하지만, 애니메이션으로 유명한 픽사를 설립하고 1990년대에 실적이 부진했던 애플에 다시 돌아온 뒤 아이맥, 아이팟, 아이폰, 아이패드까지 연이어 히트시키면서 카리스마 경영자라는 이미지를 굳히게 되었습니다.

그리고 '스티브 잡스 같은 경영자는 두 번 다신 없을 것이다'라는 생각이 사람들 머릿속에 자리 잡을 즈음 등장한 인물이 바로 일론 머스크입니다. 일론 머스크는 남아프리카공화국 출신인데, 어머니가 캐나다 출신이라 대학을 캐나다로 갔습니다. 그 후 미국 대학교로 편입하고 스탠퍼드대학교 대학원으로 진학하지만, 학업을 마치지 못한 상태로 1990년대 중반에 인터넷 관련 기업을 설립합니다.

그 후, 일론 머스크는 온라인 결제 시스템으로 잘 알려진 페이팔, 민간 우주기업인 스페이스엑스, 위성인터넷 서비스 스타링크, 전기자동차 회사인 테슬라 등 다수의 기업을 설립합니다. 그리고 트위터를 인수하여 이름을 X로 바꾸었지요. 일론 머스크는 아들의 이름을 'X Æ A-12(엑스 애쉬 에이 트웰브)'*라 지었는데, 이것만 봐도 'X'라는 알파벳을 얼마나 좋아하는지 알 수 있습니다. 이렇게 보니 일론 머스크는 스티브 잡스보다 더 열정적으로 다양한 사업을 벌인 이 시대의 초인적인 카리스마 경영자라고도 말할 수 있겠네요.

몇 년 전이었는지 그 시기도 내용도 기억도 정확하진 않지만, 언젠가 취업 준비를 하는 학생들을 타깃으로 한 듯한 광고에서 "스티브 잡스를 목표로!"라는 문구를 본 적이 있습니다. 하지만 스티브 잡스의 일대기와 기록들을 읽어 보면, 그 밑에서 일을 한다는 건 참 힘든 일이었을 것이란 생각이 듭니다.

그는 불가능해 보이는 목표를 달성하기 위해 본인의 매력과 카리스마, 허세, 과장 등을 사용하여 부하직원들의 뇌리에 그것이 마치 처음부터 실현 가능한 목표인 것처럼 각인시키는 능력을 갖고 있었습니다. 애플에서 부사장을 역임했던 버드 트리블은 이를 '현실왜곡장'이라 불렀다고 합니다. 그리고 스티브 잡스에 비견될 만한 혁신적인 사업가 일론 머스크 역시 현실을 왜곡해 성공으로 이끄는 일면이 있다는 사실은 책에도 나와 있습니다.

일대기 등을 읽어 보면 던랩이든 스티브 잡스든 일론 머스크든 그

---

* 첫 글자인 X는 미지수를 뜻한다. Æ는 a와 e의 합자로 '애쉬'라 발음하며, 사랑(愛. 중국어·일본어 발음이 '아이')과 인공지능(AI)이라는 의미가 담겨 있다. 마지막으로 A-12는 개발 당시 'Archangel(대천사)'이라는 별명이 붙은 록히드 마틴사의 정찰기로, X Æ A-12의 어머니인 그라임스가 가장 좋아하는 항공 병기 SR-71의 전신이라고 한다. 또 A는 그라임스가 가장 좋아하는 노래인 'Archangel'의 머리글자이기도 하다.

밑에서 일하기란 결코 쉽지 않았을 듯합니다. 이 셋 중 누구 밑에서 일을 하든 위축되는 느낌이 계속 들 테니까요.

하지만 스티브 잡스와 일론 머스크보다 던랩이 가진 여러 특징들이 어두운 성격과 더 일치하는 것 같습니다. 던랩이 스티브 잡스나 일론 머스크와 결정적으로 다른 점은 '자신의 이익을 최우선으로 하는지의 여부'에 있습니다. 스티브 잡스와 일론 머스크의 원동력은 '세상을 바꾸는 것'인데, 그에 반해 던랩은 '내 이익을 최대로 끌어올리는 것'에 있다고 보이기 때문입니다. 바로 이 점이 어두운 성격인지 아닌지를 구분 짓는 하나의 중요한 포인트가 아닐까 싶습니다.

2. 직장 내에서의 빌런

직장 내에서 흔히 볼 수 있는 사이코패시 성향의 사람들

어두운 성격의 소유자가 직장 내에서 적응을 잘하는 모습은 산업·조직심리학자인 폴 바비악과 사이코패스 연구자인 로버트 헤어의 공저 『당신 옆에 사이코패스가 있다』에도 잘 묘사되어 있습니다.[52]

로버트 헤어가 저자 중 한 명이라는 사실에서도 알 수 있듯이, 이 책에서 설명하고 있는 것은 특히 사이코패시 성향이 강한 사람들입니다. 앞서 설명한 것처럼 사이코패시의 특징은 다른 어두운 성격들과도 공통된 부분이 많습니다. 또 책 속에 등장하는 다양한 특징들을 보다 보면, '이건 사이코패시보다는 다른 어두운 성격에 더 가깝지 않나?' 싶은 부분도 있습니다.

그렇다면 대체 왜 직장 내에는 사이코패시 성향이 강한 사람들이 많은 것일까요?

첫째, 기업 입장에서는 사이코패시의 가장 핵심적인 특성이 매력적으로 보이므로 그러한 성격 특성이 채용으로 이끄는 결정적 요소로 작용할 수 있습니다. 사이코패시 성향이 강한 사람은 이성적이고 자신감 넘치게 행동하기 때문에 언뜻 보면 매력적인 데다, 교묘한 화술로 타인을 자신의 페이스로 끌어들이는 경향이 있습니다. 그런데 매력적인 사람으로 보이는 것이 사이코패시만의 특징은 아닙니다. 나르시시즘 성향이 강한 사람은 자신감이 넘치고 단정한 외모의 소유자들이 많기 때문에 처음 만나도 신뢰감을 줍니다. 또 마키아벨리즘 성향이 강하면 취업을 할 때도 채용이라는 목적을 어떻게든 달성하기 위해 다양한 수단을 동원하여 치밀한 전략을 짜는 경향이 있습니다. 그래서 결과적으로 어두운 성격의 빌런들이 늘 일정한 확률로 입사하게 되는 것이지요.

둘째, 기업의 채용 담당자는 사이코패시적 태도를 보고 '리더에 적합한 자질을 가졌다'라고 생각할 수 있습니다. 언뜻 보기에 이성적이며 무언가에 쉽게 동요되지 않는 사람으로 보이기 때문입니다. 사람을 능수능란하게 부리고, 분명하게 결단을 내리며, 위에서 사람들을 일사불란하게 지휘하는 특징은 리더와 경영자에게 요구되는 특징입니다. 경영자가 갖추어야 하는 이러한 이상적인 특징은 사이코패시의 특징과 일부 겹칩니다. 하지만 이것도 사이코패시에서만 나타나는 특징은 아닙니다. 어두운 성격과 관련이 있는 '타인을 지배하려는 욕구, 자신이 남보다 뛰어나다는 생각, 자신의 단점을 교묘히 숨기고 유능하게 보이도록 하는 행동' 등은 조금만 관점을 달리하면 리더에 적합한 자질처럼 보일 가능성이 있습니다.

셋째, 비즈니스라는 것의 특징 자체가 사이코패시를 비롯한 어두운 성격에 잘 맞는다는 점입니다. 특히 20세기 후반 이후에는 앞서 말했듯이 카리스마가 넘치는 리더십을 발휘하여 직원들의 사고방식에 영향을 미치는 변혁형 리더가 칭송받는 시대가 되었습니다. 앞에서 소개한 던랩의 사례처럼, 타사에 보이는 이미지까지 신경 쓰는 어두운 성격의 소유자는 카리스마적 리더처럼 보일 가능성이 있지요.

넷째, 어두운 성격의 소유자들이 특정 기업을 선호할 가능성이 있습니다. 특히 스타트업처럼 비교적 젊은 신생 기업 같은 경우에는 기존의 룰이나 가치관에 얽매이지 않고 다른 경영자나 기업보다 앞서 나가려는 지향성이 강합니다. 이런 기업은 어두운 성격의 소유자들에게 아주 매력적으로 비치지요. 충동적이고 경쟁심이 강한 빌런들에게 스타트업 같은 신생 기업은 구속이나 제약이 적고 자유로운 곳으로 느껴지니 매력적으로 보일 것입니다. 게다가 빠르고 하이리스크-하이리턴을 추구하는 비즈니스 환경도 빌런들 입장에서는 매력적인 요소입니다. 그러므로 어두운 성격의 소유자들은 특정 기업에 몰리기 쉽습니다.

물론 이런 직장에 어두운 성격의 소유자들이 우르르 몰려가진 않겠지요. 하지만 때로는 앞서 보았던 던랩의 사례처럼 문제를 일으킬 소지가 다분한 인물이 상사나 리더로서 다른 직원들 위에 군림하는 경우가 있을지도 모릅니다.

조직 내에 심리적 안전성이 중요한 이유

여러분이 속한 집단은 어떤 특징을 가졌나요? 다음과 같은 특징이 있는지 체크해 보세요.

- 이 집단에서는 안심하고 리스크를 감수할 수 있다.
- 이 집단에서는 다른 구성원에게 지원을 요청하기가 편하다.
- 이 집단에서는 실수를 저질러도 비난받지 않는다.
- 이 집단의 구성원들은 나의 노력을 인정해 준다.
- 이 집단에서는 개인의 능력이 제대로 평가받는다.
- 이 집단의 구성원들은 어려운 문제에 대해 서로 논의한다.

자, 자신이 소속된 집단을 떠올렸을 때 여러분은 어떤 생각이 드시나요? 이 문장들은 심리적 안전성이라 불리는 특징과 실제로 심리적 안전성 연구에 사용되는 질문을 토대로 하여 독자적으로 작성한 것입니다.[53]

심리적 안전성이란 자신의 의견을 말하거나, 잘못된 점을 지적하거나, 자신의 감정을 솔직하게 표현해도 처벌을 받거나 굴욕을 당하지 않고 편하게 의견을 표명할 수 있는 상태 또는 자신이 소속된 조직이 그러한 상태에 있다는 믿음을 가진 상태를 의미합니다. 심리적 안전성이 유지되는 상태란, 자신이 어떠한 집단에 소속되어 있을 때 그 집단 내에서 마음 편히 행동해도 괜찮을 것이라는 예상이 가능한 상태를 가리킵니다.

집단 구성원들이 이러한 믿음을 공유하고 있다면, 구성원들은 서로 자유로이 의견을 주고받을 수 있겠지요. 그러면 비밀이 줄어들고 집단 전체의 투명성이 높아지게 됩니다. 반대로 '이런 말을 하면 날 이상하게 보지 않을까?'라는 생각이 먼저 든다면, 그 집단의 심리적 안전성은 낮은 것입니다. 심리적 안전성이 낮으면 자유로운 의견 교환이 힘들어지겠지요.

심리적 안전성을 잘 구축하기 위해서는 리더의 역할이 중요합니다.[54] 명확한 규칙과 기대감을 형성해 구성원들이 예측가능성과 공정함을 느낄 수 있게 해야 하겠지요. 그리고 열린 소통을 장려하며,

직원들의 이야기에 적극적으로 귀를 기울여야 합니다. 집단 구성원들이 지원을 받고 있다고 느낄 수 있게 하는 것, 구성원들이 발언했을 때는 감사하는 태도와 겸허하게 경청하는 모습을 보여 주는 것도 중요합니다.

간혹 일을 하다 실수를 저질렀을 때 그 실수에 대한 언급 없이 조용히 넘어가는 것이 '안전한 것'이라 생각할 수 있습니다. 그런데 이러한 반응은 심리적 안전성을 구축하는 데에 방해만 됩니다. 집단 내에 심리적 안전성이 높아지면, 구성원들은 자유롭고 활발하게 의견을 교환하며 실수가 있어도 사과한 뒤 잘못된 내용을 명확히 밝혀 숨기는 일이 없어질 것입니다.

직장 내 일탈 행동

어두운 성격의 소유자가 직장 내에 있으면 심리적 안전성이 위협받을 가능성이 있습니다. 그 이유 중 하나는 어두운 성격의 소유자들이 반생산적 업무 행동(CWB)이라 불리는 행동을 할 가능성이 높기 때문입니다.

반생산적 업무 행동이란 특별한 이유도 없이 툭 하면 지각을 하거나 휴가를 내는 것, 법률이나 규칙을 어기는 것, 비리를 은폐하는 것 등 직장에서 할 수 있는 비협력적인 행동을 가리킵니다. 다만 이러한 행동군에는 다양한 행동이 포함됩니다. 심리학자 다나카 겐이치

로는 직장 내의 반생산적 행동과 관련된 행동을 다음과 같이 네 가지로 정리했습니다.[55]

첫째, 조직 내에서 보이는 반사회적 행동입니다. 이것은 회사 조직과 구성원, 관리자에게 해를 끼치거나 해를 끼치려고 의도한 모든 행위를 가리킵니다. 방화, 공갈, 뇌물수수, 차별, 스파이 행위, 강요, 사기, 폭력, 횡령, 소송, 허위, 태업, 성희롱, 절도, 기밀 누설, 내부고발 등 조직 내에서 나타날 수 있는 광범위한 행동들을 망라합니다.

둘째, 직장에 대한 공격성입니다. 이것은 회사 조직과 동료들에게 의도적으로 해를 끼치려는 개인의 행동을 가리킵니다. 여기에는 의도적인 파괴행위나 실제로 파괴행위에 관여하는 공격성, 동료에게 신체적 상해를 입히는 폭력이 모두 포함됩니다. 또 신체적 공격뿐 아니라 언어적 공격, 심리적 공격도 포함됩니다.

셋째, 직장 내 일탈입니다. 이는 조직 구성원들이 벌이는 자발적 행동으로, 조직의 규범에 현저히 위배되고 조직과 구성원의 복리가 위협받는 것을 의미합니다. 여기에는 기기나 비품을 파손하거나 훔치는 소유의 일탈, 성희롱이나 언어폭력 같은 개인에 대한 공격, 멋대로 조퇴하거나 쉬는 생산성의 일탈, 편애나 뒷담화 같은 정치적 일탈 등 다양한 행동들이 포함됩니다.

넷째, 무례함입니다. 이는 직장 내에서 상호 간에 지켜야 할 규범에 반하는 행동이며, 타인에게 위해를 가하려는 애매한 의도를 가진 낮은 수준의 일탈행동입니다. '애매한 의도'라 표현한 이유는 '무례함'이 의도적인 것이라기보다 배려가 없는 행동이라 볼 수 있기 때문입니다. 하지만 무례함은 때때로 상대의 심기를 건드려 서로 간의 문제를 점점 악화시키기도 합니다.

이러한 인물이 회사에 들어오면 직장 내 인간관계나 질서가 깨질 테니 심리적 안전성이 위협받는 것은 불 보듯 뻔한 일이 아닐까요?

어두운 성격과 반생산적 업무 행동

스페인의 심리학자 페르난데스 델 리오는 사디즘이 추가된 어둠의 4요소와 업무수행능력의 관련성을 연구했습니다.[56] 이 연구는 업무 내용과 직접적으로 관련된 과제의 수행능력, 추가적인 업무와 팀워크 등 직무에 따라오는 부수적인 내용의 수행능력, 그리고 비협력적이고 반생산적인 업무 행동을 다루고 있습니다.

나르시시즘은 모든 뛰어난 직무수행능력과 관련이 있었습니다. 마키아벨리즘은 과제 수행능력과는 관련이 있었지만, 부수적 내용의 수행능력과는 관련이 없었습니다. 한편 사이코패시와 사디즘은 과제 수행능력이 낮은 것과 관련이 있었고, 사디즘은 반생산적 업무 행동이 많은 것과 관련이 있었습니다. 어둠의 4요소에서 직장 내 문제행동으로 이어질 가능성이 가장 큰 것은 사디즘일지도 모릅니다.

이러한 연구는 어디서 조사하느냐에 따라 조사 대상의 차이도 크고, 연구에 따라 결과가 달라질 가능성이 있습니다. 그래서 결론을 내려면 여러 연구 결과를 통계적으로 종합하는 메타분석이란 연구 방법을 쓰는 것이 좋습니다. 단, 사디즘을 어두운 성격의 하나로 연구하기 시작한 지 얼마 되지 않았기 때문에 메타분석이 가능할 만큼 보고된 연구 결과가 많지는 않습니다. 그래서 여기에서는 어둠의 3요소를 연구한 메타분석 결과를 보겠습니다.

미국의 산업·조직심리학자 오 보일 교수는 1951년부터 2011년 사이에 공표된 200건 이상의 연구 결과를 리뷰한 뒤 메타분석을 사용해 결과를 종합함으로써 어둠의 3요소와 반생산적 업무 행동의 관련성을 검토했습니다. 그 결과, 어둠의 3요소는 전체적으로 모든 종류의 반생산적 업무 행동과 관련성을 보였습니다. 반면에 업무상 보여 주어야 하는 수행능력과는 거의 관련이 없다는 사실도 밝혀졌습니다.

다만 이 연구에서는 조금 특이한 현상이 나타났습니다. 바로 어둠의 3요소를 구성하는 세 가지 성격 특성을 동시에 사용해 반생산적 업무 행동을 예측했을 때, 마키아벨리즘과 나르시시즘은 양의 상관관계를 보이는 데 반해 사이코패시는 음의 상관관계를 보인다는 현상입니다. 마키아벨리즘과 나르시시즘의 요소를 제거하면, 사이코패시는 오히려 생산적 행동으로 이어질 수 있다는 뜻이지요.

이 결과에 대해서는 통계적 설명, 방법론적 설명, 그리고 이론적 설명이 가능합니다.

통계적 설명은 어둠의 3요소의 세 가지 성격 특성이 서로 관련되어 있음에 기인합니다. 사이코패시는 마키아벨리즘과도 나르시시즘과도 관련이 있습니다. 그리고 마키아벨리즘이나 나르시시즘에 비해 사이코패시는 반생산적 업무 행동과의 관련성이 매우 약했습니다. 이런 상황에서 어둠의 3요소를 구성하는 세 가지 성격 특성을 동시에 사용해 반생산적 업무 행동을 설명하는 분석을 실시하면, 관련성이 약한 변수로 설명할 때 마이너스가 되어 버리는 경우가 있습니다.

방법론적 설명은 분석에 포함된 대상자의 문제입니다. 이 연구의 메타분석에 포함된 선행 연구 중, 사이코패시만을 검토한 연구를 보면 경찰관과 군인, 교도관 등 권위적 지위를 가진 사람을 대상으로 한 것이 많았다고 합니다. 권위와 상하관계가 뚜렷한 조직에 소속된 근로자의 경우, 사이코패시적인 냉담함이 오히려 반생산적 업무 행동을 억제하는 방향으로 기능할 가능성이 있습니다. 이러한 조직에서는 성실하게 근무했을 때 사이코패시 성향이 강한 인물이 원하는 지위 상승이 이루어질 가능성이 크기 때문입니다.

마지막으로 이론적 설명을 볼까요?

사이코패시적 요소가 가진 의미

이론적으로는 마키아벨리즘의 조작성과 나르시시즘의 자기중심성이란 요소가 없는 사이코패시가 어떠한 의미를 갖는지에 대한 논의가 포인트가 됩니다.

 소설이나 영화 등에서는 사이코패시적 특징을 가진 등장인물이 매력적으로 묘사되는 경우가 있습니다. 그 대표적인 캐릭터가 바로 셜록 홈즈입니다. 「셜록 홈즈」 시리즈를 보다 보면 그가 다른 사람의 기분은 고려하지 않은 채 자신의 생각을 거리낌 없이 툭툭 내뱉는 장면을 많이 볼 수 있습니다. 예를 들어, 옷이나 소지품 등 사소한 것에서 힌트를 얻어 상대가 어디에 있었는지, 그 사람이 어떤 특징을 가졌는지, 또 상대가 불쾌하게 생각하든 말든 처음 본 상대이든 아니든 상관없이 그 사람이 숨기고 있는 부분까지 죄다 지적하는 것이지요.

 영국의 유명 배우 베네딕트 컴버배치는 드라마 「셜록 홈즈」에서 현대판 셜록 홈즈를 연기했습니다. 드라마에서는 "나는 사이코패스가 아니라 고기능 소시오패스야"라는 대사가 나옵니다. 소설 속 셜록 홈즈가 활약한 시대적 배경이 19세기 말이라는 점을 감안하면, 원래는 사이코패스나 소시오패스라는 단어를 쓰는 것 자체가 불가능하지요. 따라서 이 대사 자체는 매우 현대적인 것입니다.

 어쨌든 소시오패스는 사이코패스와 거의 비슷한 특징을 보이는 것에 붙은 용어인데, 이론이 등장한 배경과 시대를 감안하면 환경에 의해 형성될 수 있다는 가정이 가능한 개념입니다. 컴버배치가 연기하는 셜록 홈즈라는 인물이 스스로를 '고기능'이라 말하고 있는 것처럼, 자신의 이익을 추구하거나 타인에게 상처 주는 것을 목적으로 하지 않는 사이코패시적 요소는 매우 유능하며 일도 잘하고 때로는 매력적으로 비치는 인물이 될 가능성이 있는 것이지요.

참고로 예전에 아이들과 함께 셜록 홈즈의 여동생이 주인공인 「에놀라 홈즈」라는 영화를 본 적이 있습니다. 이 영화에 등장하는 에놀라의 오빠 셜록 홈즈는 여동생을 헌신적으로 돕는 역할로 나오며, 사이코패시의 요소라곤 찾아보기 힘든 캐릭터로 묘사되었습니다. 그 모습을 봤을 때 무심코 '이건 홈즈답지 않은 성격인데'라는 생각이 들었던 기억이 나네요.

다른 사람을 자기 뜻대로 조종하는 마키아벨리즘의 요소와 과도하게 스스로에게 특별한 감정을 품는 자기중심적인 나르시시즘의 요소를 제거했을 때, 사이코패시에게 남은 특징은 이기적인 요소가 희박하고, 쉽게 동요하지 않으면서, 침착하고 이성적인 판단을 내린다는 점입니다. 그래서 최고의 탐정이라 평가받는 셜록 홈즈처럼, 조건에 따라서는 사이코패시가 생산적인 행동으로 이어지기도 하는 듯합니다.

3. 빌런이라 유리한 것

학부 전공에서 나타나는 어두운 성격의 특징

애초에 어두운 성격의 소유자는 대학 학부를 선택하는 단계에서 독자적인 특징이 나타나는 것 같습니다. 심리학자 베델과 도세는 덴마크 대학에 들어간 신입생 487명을 대상으로 조사를 실시했습니다. 연령대는 17세부터 45세까지였으며, 평균연령은 21세였습니다. 대학 신입생이라고는 하지만 우리나라 대학에 비하면 연령의 범위가 매우 넓지요.

설문에 응답한 학생들의 전공을 살펴보면 심리학, 경제·경영학, 법학, 정치학 등 다양합니다. 참고로 논문에는 설문지에 응답하면 '경품'을 뽑을 수 있었다고 나와 있는데, 당첨은 10장뿐이지만 원하는 매장이나 카페에서 쓸 수 있는 145달러가량의 상품권을 준비했다고 합니다.

어둠의 3요소 중 사이코패시는 각 전공 사이에 차이가 없었습니다. 하지만 나르시시즘과 마키아벨리즘은 전공에 따라 차이가 있었습니다. 심리학 전공자들은 나르시시즘이나 마키아벨리즘의 경향이 낮은 반면, 경제·경영학 전공자들은 다른 학부 학생들에 비해 나르시시즘과 마키아벨리즘 경향이 높게 나타났습니다. 그리고 법학·정치학 전공자들의 평균치는 심리학과 경제·경영학 전공자 사이에 위치합니다.

이 조사는 신학기가 시작된 지 얼마 되지 않은 9월에 이루어졌습니다(덴마크 대학은 8월 중순부터 신학기가 시작됩니다). 대학교에 입학한 지 얼마 안 된 학생들이지만 이미 전공별로 어두운 성격의 평균치가 다르게 나타난다는 것이지요.

가상화폐(암호화폐)나 주식을 바라보는 태도와 나르시시즘이 어떠한 관련성이 있는지 검토한 연구도 있습니다.[57] 이 연구에서는 '가상화폐를 어떻게 생각하는가?'라는 질문에 '바람직하지 않다고 생각한다'부터 '바람직하다고 생각한다'까지, 또 '나쁘다'부터 '좋다'까지 각각 7단계로 나누어 답하도록 했습니다. 그리고 동시에 '주식을 어떻게 생각하는가?'라는 질문에도 답하도록 했습니다.

분석 결과, 나르시시즘은 가상화폐를 '바람직하다'고 생각하는 긍정적 태도와 관련이 있다는 것이 드러났습니다. 그러나 주식을 긍정적으로 생각하는 태도와는 명확한 관련성이 보이지 않았습니다. 가상화폐도 종류가 많긴 하지만, 주식만큼 다양하지는 않습니다. 주식은 선택해야 하는 종목도 많고, 개별 주식을 매매함에 따라 결과가 달라지지요.

그리고 가상화폐와 주식을 비교하면 전체적인 가격의 변동 폭이 다릅니다. 이렇듯 변동이 자주 혹은 크게 나타날 때 '변동성'이라는 표현을 사용하는데, 양자의 차이는 여기에 있는 듯합니다. 주식 투자에도 도박적 요소가 있다고 생각하지만, 지금까지의 가격 변동 추이를 보면 가상화폐의 변동성이 더 크고 투자 시 큰 리턴 효과가 기대됩니다(물론 가격이 크게 하락할 가능성도 있습니다). 따라서 이 연구 결과는 나르시시즘 성향이 강하면 '인생역전 한 방'을 노리는 선택을 할 가능성이 높다는 것을 보여 줍니다. 이렇게 말하니 어두운 성격의 소유자가 위험한 투자나 도박에 매력을 느끼는 모습이 상상됩니다.

도박과 어두운 성격

어떠한 행위가 도박인지 아닌지를 판가름하는 기준은 무엇일까요? 형법에 의하면, 도박이란 재물을 걸고 우연성을 통해 얻은 승패에 따라 재산상의 손실과 이익이 발생하는 행위라고 합니다.[58] 하지만 경마나 경륜, 보트레이스 등 법적으로 허용된 도박을 즐기는 사람들은 자신이 하는 도박이 '완전히 우연'이라고는 생각하지 않는 것 같습니다.

예를 들어, 경마는 말의 혈통과 개성, 조교, 경주 거리, 마장의 상황 등 여러 가지 정보를 생각해서 돈을 걸지요. 하지만 이것은 투자가 아니라 도박으로 봅니다. 한편 복권은 완전히 우연에 의해 당첨이 결정되기 때문에 도박의 조건을 충족하는 것처럼 보입니다. 하지만 복권을 사는 사람은 자신의 행위를 '도박'이라 인식하지 못할 것입니다.

도박인지 아닌지를 따질 때 중요한 기준 중 하나는 사행심입니다. 사행심이란 생각지 못한 이익이나 갑자기 하늘에서 뚝 떨어지는 행운을 바라는 마음이며, 아무런 노력 없이 우연히 얻는 이익과 성공을 기대하는 마음을 뜻합니다. 스포츠토토나 복권을 도박이 아닌 단순한 '제비뽑기' 정도로 인식하는 이유는 당첨 확률이 매우 희박하므로 사행심이 생기기 어려우리라 판단되기 때문입니다. 반면에 도박은 그 정도로 당첨 확률이 낮지 않아, 몇 번 시도하면 우연히 당첨이 되기도 합니다. 그러면 사행심이 자극을 받아 '한 번만 더 해 볼까?' 하며 몇 번이고 반복하게 될 가능성이 높습니다.

그렇다면 어두운 성격의 소유자들은 도박을 할까요? 폴란드의 카타르지나 섹슈친스카는 두 개의 복권 중 하나를 선택하도록 하는 실험을 통해 성격과의 관련성을 검토했습니다.[59] 두 개의 복권은 당첨 금액을 조작했습니다. 하나는 당첨 확률은 높으나 당첨 금액이 작은 저위험성 복권이고, 다른 하나는 당첨 확률은 낮으나 당첨 금액이 큰 고위험성 복권이었습니다. 금액이 약간씩 다른 복권을 보여 주고 10회에 걸쳐 선택하도록 하는데, 리스크의 정도가 다르니 무엇을 선택하느냐에 따라 응답자가 어느 정도의 리스크를 감수하는지 평가할 수 있었습니다.

이 연구에서는 다양한 성격 요인이 검토되었는데, 그중에는 어둠의 3요소도 포함됩니다. 그리고 결과적으로 어둠의 3요소 중에서는 사이코패시가 고위험성 복권을 좀 더 많이 선택한다는 사실이 드러났습니다.

도박은 사행심을 부추깁니다. 그리고 사행심 때문에 계속해서 '한 번만 더 해 볼까?'라는 생각이 들게 되는데, 이것이 일상생활에까지 지장을 주게 되면 '중독'이나 '문제'라고 판단합니다. 항상 도박에 관한 생각이 머릿속에 가득하고 도박 생각만 자꾸 나는 바람에 일이나 공부, 생활에 지장이 생기게 되면 도박 행위 그 자체를 문제로 보는 것이지요. 이러한 상태에 빠지는 것을 '문제성 도박'이라고 합니다.

아프리카 나이지리아에서 어두운 성격과 문제성 도박의 연관성을 검토한 연구가 있습니다.[60] 조사 대상은 평균연령 22세의 나이지리아 대학생들인데, 문제성 도박을 판정하는 기준에 의거하면 저위험 도박자가 약 20%, 중위험 도박자가 약 30%, 문제성 도박자는 약 50%였습니다.

이러한 숫자를 보면 이 대학에서는 도박을 하는 학생들이 많아 보입니다. 논문에 따르면, 조사가 이루어진 나이지리아는 아프리카 대륙의 도박사업 보급률을 따졌을 때 남아프리카공화국에 이어 두 번째로 높으며 지금도 급격히 성장 중인 곳이라고 합니다. 또 나이지리아는 열광적인 축구 팬이 많은 나라이기도 해서 스포츠 경기에거는 도박도 성행하고 있는 것 같습니다. 이 조사는 스포츠 관련 도박을 한 경험이 있는 학생들을 대상으로 진행한 것이었습니다.

조사 결과에 의하면, 어둠의 3요소 중에서 사이코패시는 문제성 도박이 많은 것과 관련이 있었고, 나르시시즘은 문제성 도박이 적은 것과 관련이 있었습니다. 특히 같은 대학생임에도 연령이 많을수록 강한 사이코패시 성향과 약한 나르시시즘 성향이 좀 더 문제성 도박과 뚜렷한 관련이 있다는 사실이 드러났습니다.

복권 연구와 문제성 도박 연구에서 공통적으로 나타나는 것은 강한 사이코패시 성향입니다. 자신의 이익을 우선하는 경향은 마키아벨리즘과 사이코패시에 공통적으로 나타나는 부분이지만, 마키아벨리즘은 도박과 큰 관련이 없는 듯합니다. 강한 마키아벨리즘 성향은 성공 전망과 확률을 높이는 방법을 전략적으로 생각해 다른 사람들을 이용하는 것과 관련이 있습니다. 한편 강한 사이코패시 성향은 설령 이익을 얻을 확률이 낮더라도 앞뒤 생각하지 않고 충동적으로 행동한다는 특징이 있습니다. 이 점이 사이코패시 성향이 강한 사람이 리스크가 큰 선택을 하는 도박에 끌리는 이유일지도 모릅니다.

타인을 조종하는 능력이 필요한 경우

아주 오래전 『永田町の掟—「欲望渦巻く町」の超ぶっとび事情(나가타초의 법도-'욕망이 들끓는 거리'의 특별한 사정)』[61]이라는 책을 읽은 적이 있습

니다. 이 책에 등장하는 일화들은 하나같이 아주 재미있습니다. 선거 때 어떻게 상대 진영을 앞지르고 어떻게 하면 자기 진영에 유리할지를 예측하면서 다양한 작전을 짜고 실행에 옮기는 모습이 담겨 있지요. 물론 어디까지가 사실이고 어디까지가 허구인지는 알 수 없습니다.

예를 들어, 선거가 시작되면 각 도도부현의 경찰본부가 선거법 위반 사실을 잡아내기 위해 눈에 불을 켜고 감시를 합니다. 경험이 많은 비서는 그 점까지 염두에 두고 사무실을 설치해 운영한다고 합니다. 자신이 경찰이라면 어디서 잠복하여 감시할지를 생각하고, 상대 진영이 감시할 것까지 예상하는 것이지요. 감시하기 어려운 곳에 입구를 설치하거나, 주위에 몸을 숨길 만한 장소가 없는 공터 중간에 조립식 건물을 지어 사무실로 활용하는 모습도 나옵니다. 이렇게 상대가 어떻게 나올지를 미리 예상하여 그 한 수 앞을 내다보는 기술이 필요합니다.

또 이런 이야기도 있습니다. 선거운동 기간 중에 선거사무실 스태프 한 명에게 매일 아침 출근하거든 지정된 장소에서 종이상자를 갖고 2층으로 올라가고 밤늦게 원래 자리로 되돌려 놓으라 시키는 것이지요. 종이상자 안에 딱히 중요한 것은 들어 있지 않습니다. 다른 스태프들에게는 "누가 묻거든 그 스태프는 입이 무거워 신뢰할 수 있는 사람이라고만 대답해"라고 철저히 교육시킵니다. 그리고 한편으로 경찰에게는 "수상한 움직임을 보이는 스태프가 있습니다"라는 제보를 합니다. 당연히 그런 제보를 받은 경찰은 매일 아침부터 밤까지 종이상자를 옮기고 있는 스태프를 요주의 인물로 보고 집중 감시를 하게 되겠지요.

투표가 끝나면 경찰 조사가 들어가고, 종이상자를 옮기는 수상한 행동을 했던 스태프도 조사를 받게 됩니다. 하지만 당연히 그 스태프는 종이상자 안에 무엇이 들었는지 모릅니다. 그리고 주위의 다른 스태프들도 "그는 입이 무거워 신뢰할 수 있는 사람이다"라고 진술하니 그 스태프는 장기간 구류 처분을 받게 되겠지요. 하지만 아무리 시간이 흘러도 그는 입을 열지 않습니다. 아무것도 모르니 그럴 수밖에요.

대체 왜 이런 일을 벌이는 걸까요? 바로 스태프가 장기간 구류되어 있는 동안 선거법 위반 증거를 전부 싹 없애고 안전을 확보하기 위해서입니다. 이 모든 게 하나의 작전이었던 것이지요.

그사이에도 비서는 몇 번이나 구류된 스태프의 면회를 가서 사식을 넣어 주며 "어떻게든 나오게 해 줄 테니 조금만 더 견디고 있어"라고 달랩니다. 그러면 무사히 구류기간이 끝나 경찰서에서 풀려난 스태프는 몇 번이고 자신을 찾아온 비서가 너무 고마워서 평생 이 비서에게 충성하기로 맹세하겠지요. 사실은 자신이 선거법 위반 증거를 없애기 위한 작전의 장기말로 쓰였다는 사실은 꿈에도 모르고

서 말입니다.

아니, 이게 정말 실제로 있었던 일인지는 알 수 없습니다. 책에서도 '들은 이야기'라 쓰여 있으니……. 하지만 이 일화를 읽었을 때 '난 이런 짓 절대 못 해'라는 생각이 강하게 들었습니다.

물론 이 책에서 재미있고 유쾌하게 그린 이러한 일화들은 극단적인 예지만, 전체적으로 큰 그림을 그리고 상황이 자신의 뜻대로 흘러가게 하며 다른 사람들도 그 작전 안에서 움직이게 만드는, 그야말로 '타인을 조종하는 능력'이 사회 속에서 유리하게 작용하는 경우가 있음은 부인할 수 없는 사실인 듯합니다.

4. 어두운 성격은 사회적 성공으로 이어질까

어두운 성격의 어떤 부분 때문에 성공하는 것일까?

영국의 심리학자 더튼은 외과의사, 변호사, 기업의 대표 등 크게 성공한 사람들 중에도 사이코패시 성향이 강한 사람들이 있다고 말합니다.[62] 리스크를 회피하지 않는다는 특징과 양심의 가책을 별로 느끼지 않는다는 특징은 범죄 현장에서도 비즈니스 장면에서도 상황에 따라 유리하게 작용할 가능성이 있다는 것이지요.

확실히 어두운 성격을 가진 사람들의 특징 중 하나인 냉담함, 타인의 감정을 완전히 분리시켜 생각하는 것, 자신의 감정을 조절하는 것은 때때로 일을 할 때 중요한 요소가 됩니다.

예를 들어, 더튼이 들고 있는 예 중 하나가 외과의사입니다. 실패가 절대 용납되지 않는 섬세하고 신중한 처치가 필요한 수술에 임할 때는 긴장이 될 수밖에 없습니다. 손끝의 움직임이 조금만 삐끗해도 눈앞에 있는 환자의 생사가 갈릴 가능성이 있으니까요. 게다가 수술 잘 부탁한다며, 제발 살려 달라며 환자 가족들이 울면서 부탁하던 모습이 떠오를지도 모릅니다. 이러한 상황 속에서 집중력을 높여 수술을 성공적으로 끝내기 위해서는 친절이나 공감 같은 요소가 오히려 방해가 될 수 있습니다.

또 주식 등으로 거액의 투자를 할 때도 감정이 크게 요동치는 경우가 있습니다. 주식시장에서 주가가 급등과 급락을 반복할 때 동요하지 않고 냉정하게 이성적으로 다음 한 수를 둘 수 있는 증권사 딜러라면 아마 그 분야에서 오랫동안 활약할 수 있을 것입니다. 그리고 상대가 자신의 의뢰인에게 압도적으로 불리한 증거를 들이밀 때 그 논리의 허점을 파고들어 배심원의 마음을 의뢰인에게 유리하도록 바꿔 버리는 변호사도 자신의 감정을 잘 조절하는 특성을 최대한 발휘할 수 있는 직업 중 하나입니다.

또 전쟁터의 최전선에서 전투가 벌어져 궁지에 몰리게 되더라도 순간적으로 명확한 판단을 내림으로써 모두의 목숨을 구할 수 있는 사령관도 비슷한 특징을 갖는다고 쓰여 있습니다. 이러한 사령관의 모습은 많은 영화와 드라마에서 묘사되기도 합니다.

더튼은 다음과 같은 7가지 요소를 잘 조절하여 섞으면 사이코패시의 특징을 잘 이용해 성공할 수 있을 것이라 말합니다.

① 비정함
② 매력
③ 하나를 파고드는 집중력
④ 강인한 정신력
⑤ 두려움의 결여
⑥ 마음챙김
⑦ 행동력

이 중에서 '마음챙김'이란 지금 눈앞에 있는 것에 의식을 집중하고 다른 것에 신경을 뺏기지 않는 것을 의미합니다.

이러한 요소들을 전부 비슷한 정도로 겸비해야 한다는 것은 아닙니다. 목적에 맞게 색을 혼합하듯이 강약을 바꾸어 가며 적절하게 조절하는 것이 좋겠지요. 여러분이 활동하는 분야에서는 어떻게 배합하는 게 좋을 것 같나요? 사실 이것을 스스로 조절하기란 쉽지 않습니다. 그렇다면 자신의 특징을 파악한 뒤 자신이 활약할 수 있는 곳과 해결 가능한 과제를 찾는 것이 좋지 않을까요?

어둠의 3요소와 직장 내 분위기

어둠의 3요소가 직장 내 분위기를 어떻게 인식하는가와 관련이 있는지, 또 직장을 어떻게 생각하여 업무상 만족도를 느끼고 있는지 조사한 연구가 있습니다.[63]

이 연구에서는 '높은 평판(명망)', '경쟁성', '낮은 자율성'이라는 세 가지 측면에서 직장 내 분위기를 측정합니다. 일단 '높은 평판'은 소속된 직장이 사회에서 좋게 평가받는 지위가 높은 직장이라고 인식하는 경향을 뜻하며 '사회 구성원들이 우리 조직을 높게 평가하고 있다'와 같은 질문 항목을 통해 측정됩니다.

'경쟁성'은 피 튀기는 경쟁이 직장 내에서 벌어지고 있음을 인식하는 것을 의미하며, '우리 회사는 경쟁이 심하다'와 같은 질문 항목을 통해 측정됩니다. 마지막으로 '낮은 자율성'은 직장 내 활동에 제약이 있으며 무엇을 하든 항상 허가를 받아야 한다고 인식하는 경향을 나타냅니다. 이는 여름휴가나 연차를 쓸 때 얼마나 자주 허가를 받아야 하는지, 또 직장에서 타인으로부터 명령을 받는 빈도는 어느 정도인지를 통해 측정됩니다.

어둠의 3요소와 직장 내 분위기에 대한 인식 사이의 연관성을 보면, 마키아벨리즘과 사이코패시는 둘 다 '높은 평판'과는 음의 상관관계를, '경쟁성'과는 양의 상관관계를 갖습니다. 또 나르시시즘은 '높은 평판'과 '경쟁성' 둘 다와 양의 상관관계를 갖습니다. 어둠의 3요소는 전체적으로 직장 내 분위기를 경쟁적이라 인식하는 경향과 관련이 있어 보입니다.

조금 더 자세히 분석해 보면, 마키아벨리즘 성향이 강한 근로자는 자신이 사회로부터 좋은 평가를 받고 있고 제약이 적으며 자율적인 직장에서 일하고 있다고 인식할 때 업무 만족도가 높으며, 이직 생각을 거의 하지 않는 경향을 보입니다. 한편 사이코패시 성향이 강한 근로자는 경쟁이 심한 직장에서 일하고 있다고 인식할 때 만족도가 낮으며, 이직 생각을 자주 하는 듯합니다. 사이코패시 성향이 강한 근로자는 자신의 직장을 경쟁이 심한 회사라 생각하기 쉬운데, 그러한 인식이 있으면 만족도가 떨어집니다. 그리고 나르시시즘 성향이 강한 근로자는 자신이 일하는 직장이 사회에서 평판도 좋고 지위도 가치도 높은 곳이라 인식할 때 업무에 만족하고 이직 생각을 하지 않는다는 결과가 나왔습니다.

어두운 성격은 저마다 직장 내 분위기를 어떠한 특징과 함께 인식하는 경향이 있는데, 각 특징을 가진 인물이 어떤 직장에서 일하는가에 따라서도 업무 만족도나 적응 정도가 달라지는 듯합니다. 특히 그 직장이 얼마나 사회에서 높이 평가받고 있고 높은 지위에 있는지, 얼마나 자유롭게 활동할 수 있는 곳인지가 중요한 요소입니다.

제 3 장

가까운 인간관계 속 어두운 성격

1. 사랑과 어두운 성격

이 장에서는 특히 연애나 결혼을 통해 맺은 친밀한 인간관계를 다루어 보고자 합니다. 친밀한 인간관계는 우리의 심리적 특징이 여실히 드러나는 대표적인 상황이라 할 수 있습니다. 가깝고 친밀한 인간관계 속에서 보이는 어두운 성격의 역할에 대해 살펴볼까요?

사랑의 유형 6가지

작가이자 활동가이기도 한 캐나다의 심리학자 존 앨런 리는 1970년대에 '사랑의 색채이론'이라는 독자적인 이론을 주창했습니다.[64] 존 리는 동서고금을 불문하고 여러 문헌 속에서 사랑이 어떻게 묘사되어 있는지를 조사하여 주요 세 가지 유형(에로스형, 루두스형, 스토르게형)과 부차적인 세 가지 유형(마니아형, 아가페형, 프라그마형)으로 분류했습니다.[65]

먼저 주요 유형에 대해 살펴볼까요?

에로스형은 낭만적인 사랑을 하고, 연인 사이에 서로 안심할 수 있는 관계를 쌓으며, 뜨겁고 친밀한 관계를 맺는 특징을 가진 사랑의 유형입니다. 한편으로는 쉽게 달아오르고 쉽게 식는 특징 때문에 사랑에 금방 빠졌다가도 금세 시들해지므로, 상대를 독점하려고 들지는 않습니다.

루두스형은 게임 같은 사랑을 합니다. 이 유형은 연애 그 자체에 몰입하기보다도 서로 즐기는 것을 중시하며 안정적인 관계를 추구하지 않습니다. 특히 상대보다 자신이 우위라 느낄 때는 여러 상대와 관계를 맺는 것도 '하나의 유희'로 생각할 수 있습니다.

스토르게형은 우정에 가까운 사랑을 합니다. 뜨겁게 불타오르는 격정적인 관계라기보다는 서로 버팀목이 되어 주고 믿어 주고 도와주는 관계이지요. 흔히 접할 수 있는 예로, 소꿉친구였는데 점점 사랑의 감정이 싹터 연인으로 발전하는 관계가 있습니다. 스토르게형의 사랑은 이러한 패턴과 가깝습니다.

다음은 부차적 유형입니다.

마니아형의 특징은 열광적인 사랑을 한다는 것입니다. '마니아'라고 하면 무언가 한 가지에 푹 빠져 열중하는 사람이 떠오를 텐데요. 심리학에서 말하는 '마니아'는 우울 상태와는 반대로 기분이 고양되어 위험한 상황도 개의치 않는 조증 상태를 뜻합니다. 마니아형의 사랑은 상대를 이상화하고 독점하고 싶어 하며 사소한 일에 질투하는 특징을 가집니다. 마니아형인 사람은 사랑을 원하지만 한편으로 상대의 변심이나 이별에 대한 불안도 많이 느낍니다. 연애를 할 때도 상대에게 자신의 감정을 밀어붙이는 경향이 있으며, 그것이 충족되지 않으면 욕구불만을 가지기 쉽다고 합니다.

아가페형은 상대를 최우선으로 생각하는 이타적인 사랑을 합니다. 자기가 아닌 상대를 중심에 두고, 상대의 행복과 바람을 이루어 줄 수 있다면 자기는 힘들어도 괜찮다고 생각합니다. 상대에게 헌신적이며, 대가를 바라지 않고, 질투도 거의 하지 않는 유형입니다. 아가페형인 사람은 관대하고 인내심이 강하며 상대에 대한 이해심이 넓다고 합니다. 하지만 그렇기 때문에 상대는 오히려 질려 버리거나 죄책감에 시달릴 수 있지요.

프라그마형은 실용적인 사랑을 합니다. 이 유형은 사랑 외에 무언가 다른 목적이나 기대를 품는 경향이 있습니다. '화목한 가정', '좋은 궁합', '지위 향상', '부유한 삶' 등과 같은 이상을 강하게 품고 있으며, 그 목적을 달성하기 위한 수단이 연애라 생각합니다. 그래서 자신이 이상적이라 생각하는 상대를 찾고, 상대가 그 이상과 멀다 싶으면 상대를 밀어내는 경향이 있지요. 겉으로는 행복해 보이지만, 그 속을 들여다보면 '행복한 인생을 살기 위해서는 서로 사랑해야 한다'며 사랑 그 자체가 아니라 다른 것에 목적을 두고 있을지도 모릅니다.

사랑의 유형은 루두스형-프라그마형-스토르게형-아가페형-에로스형-마니아형 그리고 다시 루두스형, 이렇게 원을 그리며 위치합니다. 이때 붙어 있는 유형은 서로 비슷한 특징을 보이고, 반대편에 위치한 유형은 서로 다른 특징을 보입니다. 컴퓨터 그림판에서 색깔을 선택할 때 뜨는 원 모양의 색상표를 한 번쯤 본 적이 있을 텐데, 바로 이 색상환에 빗대어 '사랑의 색채이론'이라 부르게 되었다고 합니다.

요나손 연구팀은 존 리가 주창한 사랑의 색채이론 중 어느 유형이 어둠의 3요소와 관련이 있는지를 검토했습니다.[66] 325명을 대상으로 실시한 조사 결과를 분석했더니, 어두운 성격은 전체적으로 루두스형이나 프라그마형과 관련이 있다는 사실이 드러났습니다. 또 여성보다 남성의 경우 어두운 성격이 루두스형의 연애 유형으로 발전하기 쉽다는 사실도 밝혀졌습니다. 루두스형은 사랑을 게임처럼 즐기며, 프라그마형은 사랑 그 자체가 아닌 다른 목적을 전제로 깔고 사랑을 하는 유형입니다. 어두운 성격의 소유자는 사랑 그 자체가 아닌 다른 목적을 더 중시하며, 그 목적을 이루는 데에 사랑을 이용하는 경향이 있다고 할 수 있습니다.

오늘 밤 같이 있고 싶다는 낯선 이의 유혹

당신은 대학교 교내 카페에 혼자 앉아 독서를 하고 있습니다. "저기요……" 하며 누군가가 불러 고개를 들어 보니 처음 보는 남자가 미소를 지으며 당신에게 말을 겁니다.

"갑자기 이런 말을 하면 놀라시겠지만, 전부터 지켜보고 있었습니다. 혹시 오늘 밤 시간 괜찮으시면 저랑 데이트하실래요?"

갑자기 누군가 다가와 이런 말을 한다면, 당신은 어떻게 반응하시겠습니까?

하와이대학교의 심리학자 일레인 하트필드는 대학교 캠퍼스 안에서 이러한 필드실험을 진행했습니다.[67]

시대 배경은 1978년입니다. 하트필드 연구팀은 플로리다주립대학교의 학생들 중 여학생 5명과 남학생 4명의 협조를 얻어 대학교 캠퍼스 안의 서로 다른 장소에서 낯선 이성에게 말을 걸어 보게 했습니다. 학생들에게는 가능하다면 실제로 함께 밤을 보내고 싶을 정도로 매력적인 이성에게만 다가가 말을 걸도록 지시했습니다(실제로 논문에도 이렇게 쓰여 있습니다). 먼저 "전부터 지켜봤는데, 정말 매력적이시네요"라고 운을 뗍니다. 그리고 이어서 다음과 같은 세 가지 문장을 말합니다.

"오늘 밤, 나랑 데이트할래요?"
"오늘 밤, 우리 집에 갈래요?"

"오늘 밤, 나랑 같이 하룻밤을 보낼래요?"

연구팀은 참고로 말을 거는 학생들에게 사전에 보드를 나눠 주고 순서대로 페이지를 넘기라고 지시했습니다. 그리고 그 페이지에 쓰인 대사를 읊게 했습니다. 또한 말을 건 이성의 매력도를 1점(전혀 매력적이지 않음)부터 9점(아주 매력적임)까지 9단계로 나누어 체크하도록 지시했습니다. 여학생은 자신이 말을 건 상대 남성을 평균 7.30점으로 평가했고, 남학생은 자신이 말을 건 상대 여성을 평균 7.70점으로 평가했습니다.

남성이 말을 걸든 여성이 말을 걸든 "오늘 밤, 나랑 데이트할래요?"라는 말을 들은 이성은 약 절반이 동의했습니다. 한편, "오늘 밤, 우리 집에 갈래요?"와 "오늘 밤, 나랑 같이 하룻밤을 보낼래요?"라는 말은 거의 비슷한 패턴을 보였습니다. 과연 결과는 어땠을까요? 우선 남학생이 말을 걸었을 때 타깃 여성의 동의율은 거의 0%(집에 가자고 한 경우는 5%, 하룻밤을 보내자고 한 경우는 0%)였습니다. 반면에 여학생이 말을 건 타깃 남성은 약 70%가 '좋다'며 동의했습니다.

하트필드 연구팀은 1982년에도 다른 학생들의 도움을 받아 똑같은 실험을 진행했습니다. 그런데 그 결과도 거의 비슷했습니다.

여학생이 말을 거는 경우 남성들은 "굳이 밤까지 기다릴 필요 있어요?"라든가 "오늘 말고 내일은 괜찮은데"라고 대답했다고 합니다.

반면에 남학생이 말을 거는 경우 여성들은 "무슨 소리예요?", "미쳤어요? 이거 놔요!"라고 대답했다는 예가 논문에 실려 있습니다.

예상하셨겠지만, 이 연구가 발표된 후 다양한 논의가 벌어졌다고 합니다.[68] 남자는 역시 경박하다는 등 사회적 강자가 약자에게 집적대는 모양새라는 등 여러 의견이 나왔습니다. 하트필드 연구팀은 거기서 더 나아가 여러 학생들의 얼굴을 컴퓨터로 합성한 가상인물의 사진을 사용해, 그 가상인물이 "나랑 데이트할래?", "우리 집에 갈래?", "오늘 밤, 나랑 같이 자자"라고 말했을 때의 학생들의 반응도 실험을 통해 보여 주었습니다.[69] 이 실험에서는 이전 실험보다 훨씬 더 직접적인 "같이 자자"라는 표현이 사용되었습니다. 실험 결과, 역시 직접적인 성적 제안을 받아들이는 경향은 여성보다 남성이 더 강했다고 합니다.

헌팅과 어두운 성격

독일의 심리학자 두프너와 라우트만은 독일의 대도시 뮌헨에서 18세 이상의 이성애자 남성 61명이 길에서 여성들에게 말을 걸도록 하는 실험을 진행했습니다.[70,71] 다시 말해, 남성들이 거리에서 여성들에게 헌팅을 하도록 시킨 실험입니다. 이 연구에 참가한 남성의 평균 연령은 25세였습니다.

실험에 참여한 남성들은 먼저 설명회에 참석해 연구 목적에 대한 설명을 듣습니다. 그리고 실험에 참여하겠다는 동의를 한 뒤, 성격을 평가하는 몇 가지 심리 척도에 응답합니다. 여기서 어둠의 3요소에 대한 평가도 함께 이루어집니다. 그 후 20~30초 정도의 짧은 자기소개를 하도록 하고, 그것을 영상으로 촬영합니다. 그리고 남성들의 자기소개 영상을 사용해, 그들을 전혀 모르는 또 다른 사람들로 하여금 이 남성들이 얼마나 매력적인 인물인지를 평가하도록 했습니다.

1~3주 후 남성 참가자들은 약 5시간에 걸쳐 뮌헨 거리를 걸으며 자신이 직접 선택한 25명의 여성에게 말을 겁니다. 그리고 그 자리에서 메일주소와 전화번호 등 연락처를 받습니다. 여성들에게 말을 건 후에는 그 여성의 모습과 주고받은 대화 내용, 그리고 그때 본인이 한 생각에 대해 묻는 간단한 설문조사에 응합니다.

그런데 남성들이 여성에게 말을 거는 동안, 실험 조력자인 두 명의 여성 관찰자가 눈에 띄지 않게 숨어서 남성을 관찰합니다. 이 관찰자들은 남성의 대화를 평가하고 여성에게 말을 걸었을 때의 상황을 기록하는데, 만에 하나 부적절한 언행을 보이면 바로 중단시키는 역할을 맡았다고 합니다. 그리고 이 관찰자들은 남성이 떠난 후, 헌팅을 당한 여성에게 다가가 남성과 어떤 대화를 했는지 물어보는 정보 수집 역할도 담당했습니다.

이러한 연구를 진행할 때는 윤리적인 문제를 신중히 고려하여 행동해야 합니다. 이 연구도 베를린 훔볼트대학교의 윤리위원회에서 연구 절차에 대한 심사를 받았습니다. 불쾌함을 느끼면 언제든 실험에서 빠질 수 있다는 점, 이 프로젝트의 모든 내용은 참가자들에게 숨김없이 공개된다는 점을 절차상 모든 참가자에게 충분히 설명한 후에 참가 동의 여부와 본인의 서명을 얻었습니다.

논문에 의하면, 이 실험을 진행하는 동안 뮌헨 거리에서 무려 1,395명에 달하는 여성들이 실제로 헌팅을 당했다고 합니다.

그리고 실험 결과, 나르시시즘 중에도 자신감이 넘치고 자화자찬이 심하며 주위에 자신의 장점을 어필하는 경향이 있는 남성은 더 많은 여성에게 말을 걸었고, 여성에게서 전체적으로도 외모적으로도 훨씬 '매력적'이라는 평가를 받았으며, 훨씬 대담한 행동을 하는 경향이 있었습니다. 한편, 헌팅을 당한 여성의 신체적 매력에 대해서도 평가가 이루어졌는데, 나르시시스틱한 남성이 외모가 매력적인 여성에게만 말을 건 것은 아니라는 결과가 나왔습니다.[72]

그리고 마키아벨리즘의 경우, 말을 걸었을 때의 날씨와 관련해서도 흥미로운 결과가 나왔습니다.[73] 마키아벨리즘 성향이 강한 남성은 맑고 화창한 거리보다 날씨가 우중충할 때 적극적인 태도를 보였고, 말을 건 상대 여성도 그런 남성에게 호감을 갖고 매력적이라 느꼈으며, 심지어 많이 웃는 경향이 있었다고 합니다.

라우트만은 어두운 성격의 소유자의 경우 조도가 낮고 어두운 환경 속에서 좀 더 이성과 관계를 맺기 쉬운 것이 아닐까 하는 가설을 세웠습니다. 그리고 실제로 마키아벨리즘 성향이 강한 남성은 맑고 화창한 하늘보다는 먹구름이 낀 우중충한 하늘 아래서 이성을 유혹할 때 성공할 확률이 더 높다는 사실이 실험을 통해 드러났습니다. 나르시시스틱한 남성은 전체적으로 여성으로부터 호감을 끌어내는 데 반해 마키아벨리즘 성향이 강한 남성은 어두운 환경 속에서 좀 더 호감을 끌어낸다는 이러한 결과는, 똑같은 어두운 성격이라 하더라도 실제 행동상의 특징과 작용이 조금 다를 수 있다는 사실을 보여 줍니다.

사실 이 연구는 해외 학회에 참석했을 때 우연히 발표 내용을 들어 알게 된 것입니다. 논문 두 개를 설명했는데, 이 중 어느 부분을 학회장에서 들었는지는 기억이 잘 나지 않습니다. 하지만 연구자들이 발표하는 일련의 실험 절차에 대해 들으면서 솔직히 '대단한 연구계획이야. 이렇게 대담한 연구를 실제로 진행했다는 게 믿기지가 않네'라는 생각을 했습니다. '세상에 이렇게 재미있는 발상을 실제로 행동에 옮기는 연구자들이 있구나!' 하는 생각에 감탄을 금치 못했지요.

2. 어두운 성격의 생활양식

도시를 좋아하는 저녁형 인간

어두운 성격의 소유자는 아침보다는 저녁에 활발하게 활동하는 경향이 있는 듯합니다.[74] 인간이 하루 중 어느 시간대에 가장 활동적이며 또 언제 잠을 자는지, 그 경향을 구분한 지표를 '크로노타입'이라고 합니다. 쉽게 말해, 아침형 인간이냐 저녁형 인간이냐를 구분 짓는 인간의 생활 패턴을 말합니다.

요나손 연구팀은 크로노타입과 어둠의 3요소의 관련성을 검토하여 어둠의 3요소 성향이 강한 사람들에게서 저녁형 크로노타입 경향이 나타난다고 보고했습니다. 앞서 소개한 길거리 헌팅 실험 결과에서도 알 수 있듯이, 어두운 성격의 소유자는 아침보다 저녁에 활발한 활동을 하는 경향이 있나 봅니다.

참고로 '사람들에게 웃음을 주는 기발한 연구'에 수여되는 이그노벨상이라는 것이 있습니다. 이그노벨상은 노벨상을 패러디한 것인데, 꽤 유명합니다. 매년 하버드대학교에서 열리는 시상식이 전 세계에 영상으로 중계되고 뉴스로도 보도될 정도니까요. 요나손은 어두운 성격의 소유자가 저녁형 인간이라고 주장한 이 논문으로 2014년 이그노벨상을 수상했습니다.

또 요나손은 2018년에 발표한 논문에서 어두운 성격의 소유자가 선호하는 거주지에 대해서도 다루었습니다.[75] 성격과 거주지의 관련성은 21세기가 되어서야 비로소 주목을 받게 된 연구 주제 중 하나입니다.

예를 들어, 활발하고 사교적인 특징을 가진 외향적인 사람은 해변이나 탁 트인 넓은 장소를 좋아하며, 내향적인 사람은 산이나 수풀이 우거진 땅을 좋아한다는 연구 결과가 있습니다.[76] 또 미국의 경우 지적 호기심이 높고 창의성이 풍부하며 다양성을 수용하는 특징을 가지는 개방적인 지역에는 공화당 지지자보다 민주당 지지자가 많고, 자유주의적인 정치 성향을 가진 사람이 많으며, 특허출원 수나 예술·문화 쪽 종사자가 많은 경향이 있다고 합니다.[77]

그렇다면 어두운 성격의 소유자들은 어떤 지역에 살까요? 논문에는 세 가지 조사 결과가 실려 있습니다. 첫 번째 조사를 보면, 어둠의 3요소의 세 가지 성향이 강한 사람들은 인구 밀도가 높은 지역에 거주하는 경향이 있습니다. 하지만 부분적으로 남녀차가 있는데, 사이코패시 성향이 강한 남성은 인구 밀도가 높은 지역에 살고 사이코패시 성향이 강한 여성은 오히려 인구 밀도가 낮은 지역에 사는 경향이 있습니다.

두 번째 조사를 보면, 어둠의 3요소 성향이 강한 사람들은 시골보다 도시에 사는 경향이 있습니다. 그리고 세 번째 조사는 어떤 지역에 살고 싶은지를 조사한 것인데, 어둠의 3요소 성향이 강한 사람들은 시골이나 교외보다 도심부에 거주하기를 선호하는 경향이 있다고 합니다.

아침형보다는 저녁형이 많고, 시골보다는 자극이 많은 도심에 살길 원하며, 실제로도 도심에 거주하는 경향이 있는 사람들을 보면 어두운 성격이 강하다고 합니다. 물론 이 결과들은 확률적으로 그런 경향이 있음을 보여 주는 것에 불과합니다. 하지만 이런 사람들은 평온하고 안전한 환경보다는 자극이 많고 위험이 도사리는 곳에 매력을 느낄지도 모릅니다.

가벼운 성적 관계를 선호한다

'성 사회성(sociosexuality)'이라는 말을 혹시 들어 보셨나요? 이것은 깊은 관계가 아닌 사람과 성적인 관계를 갖는 경향을 가리킵니다.[78] 여러 상대와 성관계를 맺는 것, 원나잇 상대가 여러 명 있는 것, 깊게 사랑하지 않는 상대와 성관계를 하는 것, 또 만난 지 얼마 안 된 상대와 성관계를 갖는 상황을 몇 번이나 상상하는 것 등이 구체적인 예입니다. 실제 행동이나 상대를 대하는 태도, 욕망 등을 통해 판단하지요.

연구 결과에 의하면, 성 사회성은 여성보다 남성에게서 두드러지게 나타나며 바람을 피우거나 불륜을 저지르는 것과도 밀접한 관련이 있습니다.

독일에서 기업 컨설턴트로 활동하면서 심리학 연구도 하고 있는 프리스와 앞서 수차례 등장한 심리학자 요나손은 어둠의 3요소와 성 사회성의 관계를 연구했습니다.[79] 독일어권에서 약 500명을 대상으로 온라인 조사를 실시하여 어둠의 3요소와 함께 행동·태도·욕망의 측면에서 성 사회성을 측정했습니다.

그리고 지금까지 살면서 성관계를 맺은 사람의 수, 원나잇 상대의 수, 피임을 하지 않은 성관계, 매칭앱으로 만난 섹스파트너의 수, 나아가 여성의 경우에는 성매매 업소에서 일한 경험, 남성의 경우에는 성매매 업소에 간 경험 등 다양한 경우의 수를 고려해 총 22개의 측면에서 성 사회성과 관련된 행동이나 특징을 측정했습니다.

성 사회성의 22개 측면 중 마키아벨리즘과 관련이 있어 보인 것은 14개 측면(64%)에 달했습니다. 사이코패시는 10개 측면(45%)과 관련이 있었고, 나르시시즘과 관련이 있는 것은 4개 측면(18%)에 불과했습니다. 또 남녀별로 나누어 보면 마키아벨리즘은 여성보다 남성의 경우 성 사회성과의 관련성이 높게 나타났습니다. 반면에 사이코패시는 남성보다 여성의 경우 성적 활동과 밀접한 관계가 나타났다고 합니다. 마키아벨리즘 성향이 강한 남성과 사이코패시 성향이 강한 여성이 만났을 때 가벼운 성관계를 맺을 가능성이 크다는 말이겠지요.

매칭앱과의 친화성

2020년 이후 스마트폰을 통해 사람들을 서로 연결해 주는 서비스인 매칭앱 시장이 급성장 중입니다. 특히 신종 코로나바이러스 감염증으로 팬데믹 선포가 내려진 상황에서는 오프라인상의 인간관계가 크게 제한되었는데, 이때 많은 사람이 이 서비스를 이용하게 된 듯합니다. 대학에서도 학생들이 너무도 당연하게 매칭앱을 이용하고 있고, 실제 연인으로 발전하는 사례도 드물지 않습니다.

온라인에서 이루어지는 서비스를 이용하면 실제 오프라인에서의 인적 네트워크보다 훨씬 더 넓은 네트워크 안에서 연애나 결혼 상대를 만날 수 있습니다. 또 사전에 상세한 개인정보를 등록해 두기 때문에 비슷한 성적 취향이나 같은 종교를 가진 사람과 매칭이 될 수도 있지요.[80]

매칭앱을 이용하는 이유는 다양합니다. 일본의 경우 구직활동을 하듯이 결혼 상대를 찾는 것을 뜻하는 '혼활', 혼활에 빗대어 연애 상대를 찾는 활동을 뜻하는 '연활'이라는 신조어까지 생겨났습니다. 또 잠깐의 불장난을 함께 즐길 상대를 찾기 위해 매칭앱을 사용하는 사람도 있겠지요. 각 사의 매칭앱마다 목적을 세분화하는 경향이 있기도 합니다.

지금까지 설명한 것처럼 어두운 성격의 소유자는 잠깐 즐기고 말 가벼운 연애를 추구하는 경향이 있는 듯합니다. 이러한 특징으로 보아, 매칭앱 이용률도 높지 않을까 예상됩니다. 그렇다면 실제로 연관성을 검토한 연구 결과는 어땠을까요?

실제로 평소 매칭앱 이용 상황과 성격의 관련성을 검토한 연구가 있습니다.[81] 독일에서 500명 이상이 설문조사에 응했고, 그중 약 절반이 스마트폰 이용 상황을 추적하는 앱을 설치했습니다. 설문조사를 통한 자기보고로 매칭앱을 어느 정도 이용하는지 파악하고, 스마트폰 추적 앱을 통해 매칭앱을 얼마나 이용했는지 파악할 수 있었지요.

그 결과, 나르시시즘과 마키아벨리즘이 전체적인 앱 이용률, 하루 동안의 앱 이용률과 각각 연관이 있다는 사실이 드러났습니다. 덧붙여, 어둠의 3요소가 아니라 일반적으로 나타나는 성격 유형인 '빅파이브 성격 특성(외향성, 신경성, 개방성, 우호성, 성실성)'에 비하면 어두운 성격이 매칭앱 이용률과 강한 관련성을 보인다는 사실이 뚜렷하게 드러났습니다.

이를 보아 성격 특성 중에서도 어두운 성격군은 매칭앱과의 친화성이 높은 듯합니다.

매칭앱에서 트롤링을 하는 사람들

진입장벽이 낮아서인지 일본에는 매칭 서비스를 제공하는 앱이 아주 많습니다. 세계 최대 매칭앱이라고 하면 미국의 '틴더'가 유명하

지요.[82] 틴더는 2012년에 출시되어 현재 190개국 이상에서 서비스를 제공하고 있습니다.[83]

매칭앱은 이용 시 위험할 수 있다는 지적도 있습니다. 특히 틴더는 무료로 이용할 수 있어, '틴더'를 검색하려고 하면 연관검색어에 '위험', '신상 털림' 등 부정적인 단어가 뜨기도 합니다.

그런데 매칭앱상에서도 '트롤링'을 하는 이용자가 있을까요? 일반적으로 인터넷 트롤링이란 타인을 의도적으로 도발하여 싸움, 감정적 반응, 소통 단절을 유발하는 기만적이고 파괴적인 행위를 말합니다.[84] 인터넷에서 다른 사람들이 불쾌감을 느낄 만한 내용을 의도적으로 올리거나, 물의를 일으킬 만한 화제를 SNS로 퍼뜨리거나, 본 적도 만난 적도 없는 사람을 비방하는 댓글을 달거나, 공격적인 글을 써서 상대가 힘들어하는 모습을 즐기는 것을 말하지요. 이러한 행위를 하는 사람은 당하는 사람의 기분을 별로 고려하지 않는 듯합니다.

SNS 등 온라인상에서 자신을 향한 신랄한 말을 접하거나 트롤링을 당했을 때 받는 충격은 실제 대인관계에서 괴롭힘을 당할 때의 심리적 충격과 비슷하다는 지적이 있습니다.[85] 실제로 아무 생각 없이 쓴 글인데 공격적 반응이 돌아오면, 눈앞에서 그 말을 직접 들은 것처럼 화가 나고 시간이 지나도 그 일이 머릿속에 계속 맴돌게 된다는 것이지요. '뭔가 반격을 해야 하나?', '그냥 이대로 내버려 두는 게 더 나을까?' 하고 고민하면서 괴로워하는 사람도 있을 것입니다. 게다가 익명이라 상대가 누군지도 알 수 없습니다. 냉정하게 생각하면 사소하고 별것 아닌 일일지도 모르지만, 그 사소한 일 때문에 고민하고 힘들어하는 것이 인간입니다.

만약 상대가 여러분을 힘들게 하려고 의도적으로 공격적인 글을 쓴 것이라면 어떨까요? 악의를 갖고 공격적인 글을 쓰는 것도 인터넷 트롤링의 한 예입니다. 그리고 이러한 트롤링은 어두운 성격과 관련이 있다고 합니다.[86] 그중에서도 특히 타인이 괴로워하는 모습을 보고 쾌감을 느끼는 사디즘과 관련이 있습니다.

그럼 매칭앱에서 보이는 트롤링과 어두운 성격은 어떤 관련이 있을까요?[87] 연구팀은 공격적인 댓글을 달거나, 트롤링을 즐기거나, 앱을 사용하는 사람들을 괴롭히려는 의도를 갖고 대화하는 경향에 대해 연구했습니다.

연구 결과, 매칭앱에서 보이는 트롤링은 어두운 성격 중에서도 특히 사디즘이나 사이코패시와 큰 관련이 있다는 사실이 드러났습니다. 이 결과는 다른 사람을 무시하거나 욕보이는 가운데 즐거움을 느끼며(사디즘), 다른 사람의 고통을 심각하게 여기지 않는(사이코패시) 경향이 매칭앱상의 트롤링과 관련이 있음을 의미합니다. 한편 나르시시즘이나 마키아벨리즘은 관련이 없는데, 이는 자신을 멋있게 보이려 하거나 다른 사람을 자기 뜻대로 이용하는 것보다 충동적이면서 악의를 수반한다는 점이 매칭앱에서 보이는 트롤링과 더 관련이 있음을 시사합니다.

배우자 밀렵과 어두운 성격

바람이나 불륜에 매칭앱을 이용하는 경우도 있겠지요. 혹시 '배우자 밀렵'이라는 단어를 들어 본 적이 있나요? 이것은 임자가 있는 사람을 의도적으로 유혹하거나, 다른 사람의 연인을 빼앗는 행위를 말합니다.[88] 조사 결과 일본인 남성의 12.5%, 여성의 8.1%가 다른 사람의 연인을 뺏은 경험이 있다고 답했으며, 남성의 12.2%, 여성의 4.8%는 자신의 연인을 누군가에게 뺏긴 경험이 있다고 답했습니다.[89] 연인을 뺏고 뺏기는 상황이 우리 주변에 생각보다 많은 듯합니다.

그리고 이러한 '뺏고 뺏기는' 연애 관계가 어둠의 3요소와 관련이 있는지 없는지 살펴본 연구가 있습니다.[90] 이 연구에서는 평균연령이 20대 후반인 남녀 336명을 대상으로 조사를 진행했습니다. 조사 내용은 어둠의 3요소와 교제 상태를 유지하려는 노력, 그리고 뺏고 뺏기는 관계에 대해서입니다.

교제 상태를 유지하려는 노력이란 상대에게 애정을 쏟기보다는 상대를 잘 붙잡아 두는 기술에 가깝습니다. 상대의 마음이 떠나가지 않도록 늘 경계하며 상대의 시간을 독점하는 것, 상대의 질투심을 유발하는 행위를 하는 것, 상대가 불륜을 저지르면 벌을 주는 것, 상대에게 성적 매력을 어필하는 것, 사랑의 라이벌에게 위협이나 폭력을 가하는 것이 포함됩니다. 뺏고 뺏기는 관계와 관련해서는 자신이 뺏은 경험, 다른 사람에게 넘어간 경험, 연인을 뺏긴 경험, 잠깐 한눈을 판 경험 등에 대해 질문했습니다.

분석 결과, 교제 상태를 유지하려는 노력과 뺏고 뺏기는 관계 모두 어두운 성격이 강한 것과 관련이 있다는 사실이 밝혀졌습니다. 또 어두운 성격이 강하면 뺏고 뺏기는 경험을 많이 하게 되며, 그것이 또 교제 상태를 유지하려는 노력으로 이어진다는 점도 드러났습니다. 덧붙여 앞서 설명한 것과 같이 교제 상태를 유지하려는 행동이 극단적으로 나타나는 바람에 오히려 교제 상대가 떠나가는 경향도 강하다는 점을 알 수 있습니다.

어두운 성격의 소유자는 파트너에 대한 관심이 그다지 높지 않고, 관계성 자체를 즐기거나 관계를 가짐으로써 얻을 수 있는 장점(성적 메리트, 금전적 이익, 지위 등)에 주목합니다. 그리고 잘 만나다가도 다른 사람으로 환승하는 것에 주저함이 없습니다. 새 연인을 만나거나, 다른 사람의 연인을 빼앗거나, 자신의 연인을 누군가에게 뺏기거나, 일회성 만남을 반복함으로써 결과적으로 여러 상대와 관계를 맺게 됩니다.

나아가 어두운 성격의 소유자는 자신의 연인을 뺏길 것 같은 상황이라 생각하면 수단과 방법을 가리지 않고 교제를 유지하려는 행동을 취합니다. 하지만 그 행동에는 상대를 구속하여 자기 생각대로 좌지우지하려는 의도와 욕구가 수반되기 쉽습니다. 그래서 결국은 그 관계가 장기간 지속되지 못한다는 점을 이 연구는 보여 주고 있습니다.

커플만족도와 어두운 성격

커플만족도는 관계의 지속과 종결에 큰 영향을 미치는 요인 중 하나입니다. 하지만 관계성과 만족도가 완전히 합치하는 것은 아닙니다. 서로 대화가 많지 않고 관계가 깊지 않아도 충분히 만족하며 만나는 커플이 있는가 하면, 대화는 많지만 둘 다 별로 만족하지 않는 커플도 있습니다. 또 만족하기 때문에 끈끈한 관계가 형성되는 것인지, 관계가 끈끈하기 때문에 만족하는 것인지 그 인과관계 역시 분명하지 않습니다.

이러한 인과관계는 커플의 관계성을 자동차의 실제 속도로, 만족도를 속도계로 생각하면 이해가 쉽습니다. 자동차의 주행속도가 빨라지면 속도계의 숫자는 커지겠지요. 마찬가지로 커플의 관계성이 형성된다면 그 관계 속에서 만족을 얻기 쉬울 것입니다. 다시 말해, 관계에 대한 만족도는 관계성이 어떠한지에 따라 올라갔다 내려갔다 하는 속도계와 같은 것이라는 뜻입니다. 한편, 속도계를 억지로 조작한다고 해서 자동차 속도가 빨라지지는 않습니다. 이처럼 억지로 인식을 바꾸거나 생각을 고쳐 만족도만 높인다고 실제 관계성이 진전을 보인다는 보장은 없습니다. 관련이 있다는 것과 인과관계가 성립한다는 것은 별개의 문제입니다.

205쌍의 커플을 대상으로 관계성에 대한 만족도와 어두운 성격 사이의 관련성을 검토한 연구가 있습니다.[91] 조사 대상자 중 기혼 커플은 약 30%, 미혼 커플은 약 70%였습니다. 연령은 18세부터 56세까지이며, 교제 기간은 1년부터 22년까지로 평균 약 6년입니다. 남녀 모두 자신과 파트너, 그리고 둘의 관계성에 대한 설문조사에 응답했습니다.

그 결과, 우선 어둠의 3요소와 관련해서는 본인의 인식과 파트너가 느끼는 이미지가 어느 정도 일치하는 경향이 보였습니다. 응답 내용이 일치하지 않는 커플일수록 관계에 대한 만족도가 떨어졌다고 합니다. 또 각자가 가진 어두운 성격이 뚜렷하면 뚜렷할수록 관계에 대한 만족도는 떨어지며, 파트너의 어두운 성격이 뚜렷하면 관계가 악화될 수 있다고 합니다. 그리고 커플인 남녀 사이에 사이코패시와 나르시시즘 수준의 차이가 심할수록 관계에 대한 만족도가 떨어지는 경향이 나타났습니다. 게다가 남성보다 여성이 가진 어두운 성격의 정도가 관계 악화에 영향을 주는 경향이 있다는 보고도 나왔습니다.

결과가 매우 복잡하게 나왔지만, 단순히 어두운 성격이 강해지면 관계가 악화하기 쉽다는 것 말고도 관계성과 만족도를 생각할 때는 남녀의 성격 조합도 고려할 필요가 있어 보입니다.

제 4 장

빌런의 내면이 궁금하다

1. 빌런의 심리 특성

어두운 성격의 소유자는 심리적·감정적 측면에서 어떤 특징을 보일까요? 4장에서는 기타 심리 특성과의 관련성, 스스로에 대한 인식 및 행동의 배경이 되는 심리적 기능과의 관련성에 대해 살펴보고자 합니다.

성격의 구조

심리학이라는 학문은 성격 관련 분야만 떼어서 보더라도 연구 분야가 매우 다양합니다. 앞서 설명했듯이, 어두운 성격에 포함되는 각각의 성격 특성도 저마다 독자적인 연구 흐름이 있습니다. 이 많은 연구 중에서도 하나의 큰 흐름을 형성하는 연구들이 있는데, 그것이 바로 '빅파이브' 성격과 관련된 일련의 연구들입니다.

　1장에서도 언급했지만, 1936년 미국 하버드대학교의 성격심리학자 고든 올포트와 다트머스대학교의 헨리 오드버트는 사전에서 성격 용어를 찾아내는 연구를 했습니다.[92] 참고로 그들이 사용한 사전은 1925년에 출판된 것으로, 40만 개의 단어가 수록되어 있었다고 합니다.[93] 사전에서 단어를 고를 때는 어느 한 사람의 행동을 다른 사람의 행동과 구별하는 것이 가능한지, 즉 어떤 사람을 다른 사람과 구별하려 할 때 그 단어를 사용할 수 있는지를 기준으로 삼았습니다.

그들이 찾아낸 단어를 네 가지로 분류하면 다음과 같습니다.

- **진정한 의미의 성격 용어** 시간과 장소를 초월한 안정된 심리적 특성
- **현재 하고 있는 일시적인 활동이나 정신 상태를 나타내는 용어** 기뻐하다, 당황하다 등
- **가치나 평가를 나타내는 용어** 보잘것없다, 가치가 있다 등
- **기타 용어** 외모나 능력을 나타내는 단어 등

이 중에서 진정한 의미의 성격 용어로 분류된 단어는 4,504개였습니다. 즉, 성격을 나타내는 단어만 4,000개가 넘을 만큼 엄청나게 많다는 것을 알 수 있지요.

그 후 심리학자들은 이 단어들을 체계적으로 정리하려 했습니다. 하지만 이렇게나 많은 단어를 대체 어떻게 정리하면 좋을까요?

가장 먼저 생각해 볼 수 있는 방법은 수작업입니다. 이 단어들 중에는 시대가 변화함에 따라 이제는 거의 쓰이지 않는 단어나 난해한 단어, 특정 분야나 상황에서만 쓰이는 단어가 포함되어 있으므로 그러한 단어들을 빼는 것이지요. 또 이 중에는 거의 똑같은 뜻을 가진 단어나 정반대의 뜻을 가진 단어가 포함되어 있습니다. 거의 똑같은 의미를 가진 두 개의 단어는 둘 중 하나가 자신에게 들어맞으면 다른 하나도 자연스레 들어맞을 것입니다.

예를 들어, '활발하다'와 '활동적이다'라는 단어는 어떤 사람에게 둘 중 한 단어가 해당된다면 다른 단어도 해당될 가능성이 큽니다. 반면에 반의어의 경우는 한 단어가 해당된다면 다른 단어는 해당되지 않을 가능성이 큽니다. '활발하다'와 '얌전하다'가 그 예입니다. 이런 단어들을 정리하면 검토해야 할 단어의 수를 줄여 나갈 수 있습니다.

그리고 단어를 정리하기 위해 통계적 수법을 사용했습니다. 자신과 타인을 표현할 때 비슷한 단어의 경우는 보통 완전히 똑같진 않아도 비슷한 표현 방식을 사용합니다. '활발하다'와 '친구가 많다' 같은 경우, 동일인물의 특징을 표현할 때 꼭 동시에 쓰이지는 않을 수도 있습니다. 하지만 활발한 사람은 보통 친구가 많은 경향이 있습니다. 그렇다면 자신과 주위 사람을 평가할 때, '활발하다'와 '친구가 많다'의 점수는 유사한 경향을 보일 것입니다. 그래서 많은 사람에게 정리된 단어 목록을 사용하여 본인과 주위 사람을 평가하도록 한 뒤 데이터로 정리합니다. 그리고 그 데이터를 통계적으로 해석하면 단어의 묶음을 발견할 수 있는 것이지요.

올포트와 오드버트의 연구가 발표된 이후, 이러한 연구가 반복해서 이루어졌습니다. 나아가 컴퓨터의 발전이 연구에 더욱 힘을 실어 주게 됩니다.

그런데 원래 '컴퓨터'라는 것은 기업이나 사무소, 대학에 고용된 사람들의 직업명이었다는 사실을 혹시 아시나요?[94] 18세기 중반 이후, 수많은 여성이 계산 업무를 담당하는 '컴퓨터'란 직업에 종사했습니다. 미국 영화 「히든 피겨스」에도 1960년대에 NASA에서 계산 담당자로 근무한 흑인 여성들이 감동적으로 묘사되어 있습니다. 그러나 이러한 계산 담당자들이 활약한 시대가 지나고 20세기 후반에 접어들면서 컴퓨터란 직업은 점점 기계식(전자식)으로 대체되기 시작했습니다. 현재도 'AI로 인해 사라질 직업들'이라든지 '10년 후면 사라질 직업들'이라는 내용이 화제가 되곤 하는데, 사실 따지고 보면 '컴퓨터'도 과학기술이 발전하면서 사라지게 된 직업 중 하나였던 것입니다.

심지어 초기 기계식 컴퓨터는 데이터가 너무 방대하면 한 번에 처리하지 못했습니다. 하지만 과학기술이 발전하면서 처리 속도가 점점 빨라지고 메모리 용량도 대형화되었습니다. 컴퓨터가 발전한 덕분에 심리학 연구 영역에서도 수많은 단어, 수많은 사람으로부터 수집한 데이터를 복잡한 통계 기법을 사용해 한 번에 분석할 수 있게 되었지요.

1960년대부터 초기보고는 있었지만, 컴퓨터의 발전과 함께 1980~1990년대에 사전에서 찾아낸 단어들을 크게 다섯 가지로 압축하여 정리할 수 있다는 연구 보고가 연이어 나오게 되었습니다. 그것이 바로 '빅파이브(Big5)'라 불리는 성격 모델입니다.

빅파이브 성격 특성

개개인을 구별 짓는 모든 단어를 정리하는 과정을 통해 발견한 빅파이브 성격 특성은 인간의 다양한 개성을 나타냅니다. 그 다섯 가지 성격 특성은 다음과 같습니다.

첫째, 외향성입니다. 외향성(↔내향성) 연구는 그 역사가 깁니다. 20세기 초엽에 이미 외향성과 내향성에 대해 논하는 문헌이 존재했습니다.[95] 특히 정신분석학자인 칼 융은 외향과 내향을 기본적인 유형으로 보았습니다. 자신의 정신에너지를 외부를 향해 쏟음으로써 자신이 아닌 다른 것에서 가치를 발견하려는 특징을 가진 사람을 외향형 인간, 자신의 정신에너지를 주로 자신에게 쏟음으로써 자기 안에서 가치를 발견하려는 특징을 가진 사람을 내향형 인간이라고 본 것이지요.[96]

20세기 전반에는 외향성과 내향성 중 어디에 해당하는지를 판정하는 성격 검사인 '향성검사'*도 다수 개발되었습니다. 최근 많이 알려진 MBTI도 외향성과 내향성을 하나의 성격 유형으로 파악하고 있지요.

하지만 그 후에 이루어진 연구들을 보면, 외향성과 내향성을 양극단에 위치하게 했을 때 어떠한 사람이 그 사이 어디쯤 위치하는가를 따지는 특성론이 주류를 이룹니다. 향성검사와 관련해서도 통계적 분석이 이루어지면서 지금까지 외향적이라고 분류되었던 내용에 다양한 의미가 포함되어 있다는 사실이 밝혀집니다.

외향성은 좀 더 순수한 의미의 외향성으로 분류되고, 거기에서 다른 성격 요인이 떨어져 나온 것이지요. 이렇듯 유형론에서 특성론으로 이행하고 연구가 이루어지면서 외향성 및 내향성의 의미는 조금씩 달라지기 시작했습니다. 외향성의 중심적인 의미는 자신의 외부에 있는 보상을 얻음으로써 즐거움을 느끼는 것입니다. 외향성이 높은 사람은 활동적이고 활발하며, 친구가 많고 처음 보는 사람과도 편하게 대화를 나눌 수 있으며, 잘 웃고 리더십이 있으며 강한 자극을 추구하는 경향이 있습니다.

---

* **향성검사** 성격 유형인 내향성이나 외향성 등을 양적으로 결정하는 성격 검사. 칼 융이 제창한 검사 방법으로, 주로 질문지법이나 평정기준법 등을 사용한다.

둘째, 신경성 또는 정서적 불안정성이라 불리는 특성입니다. 이 특성은 역으로 정서적 안정성이라 불리기도 합니다. 신경성은 우울이나 불안, 분노, 적의 등과 같은 불안정한 감정을 특징으로 하는 성격 특성입니다. 신경성이 높은 사람은 일상생활 속 스트레스에 취약하고 사소한 일에 과잉 반응을 보이는 특징이 있습니다. 하지만 이 성격 특성이 강하다고 나쁜 것만은 아닙니다. 가령 다음 날 시험이 있으면 신경성이 강한 사람은 불안을 더 쉽게 느낄 수 있는데, 만약 그 불안을 극복하기 위해 한 번 더 시험 범위를 훑어본다면 그 행위가 좋은 결과로 이어질지도 모르니까요.

셋째, 개방성입니다. 혹시 '개방성'이라는 단어를 들었을 때 인간관계가 개방적이라는 이미지를 떠올리셨나요? 그런데 이 성격 특성은 인간관계의 측면보다도 사물이나 사안을 바라보는 태도에서 나타나는 특징을 의미합니다. 개방성이란 새로운 경험을 받아들이려는 자세가 되어 있음을 뜻합니다. 지금까지 경험한 적이 없는 것, 생각해 본 적이 없는 사고방식, 몰랐던 지식, 처음 본 것 등 이러한 체험을 열린 마음으로 받아들이는 경향입니다. 개방성이 높은 사람은 미술관이나 박물관에 가는 것을 좋아하고, 다양한 장르의 책이나 영화에 관심을 가지며, 다른 문화나 자기와 다른 인생을 산 사람들에게 관심을 갖는 경향이 있습니다.

넷째, 성실성(근면성)입니다. 이는 목표를 설정하거나, 계획적으로 과제를 수행하거나, 무슨 일이든 끝까지 하는 등의 행동적 특징을 의미합니다. 성실성의 중심적인 특징은 자신의 욕구와 충동을 잘 조절하거나 억제하여 자기통제 혹은 자기억제라 불리는 경향을 보인다는 것입니다. 목표를 달성하기 위해 나아가다 보면 하고 싶은 일이 갑자기 생각나기도 하고, 자신을 혼란스럽게 하거나 집중을 흐트러뜨리는 대상을 맞닥뜨리기도 하지요. 주변에 스마트폰이 있으면 갑자기 메시지 알림이 떠 집중이 깨질 수도 있습니다. 그런 상황에서 집중력을 유지하는 것은 현대를 살아가는 우리에게 꼭 필요한 매우 중요한 능력이자 기술입니다. 높은 성실성은 지금 같은 시대이기 때문에 바람직한 성격 특성으로 평가받고 있는 것이라 말할 수 있겠습니다.

다섯째, 우호성(협조성)입니다. 이 성격 특성은 한마디로 '친절'이란 단어로 표현할 수 있습니다. 우호성은 자신의 이익보다 다른 사람들의 이익이나 행복을 우선시하는 경향을 나타냅니다. 타인의 입장에서 판단하고, 타인의 의견을 경청하며, 타인을 신뢰하고, 눈앞에 있는 상대의 감정에 공감하는 특징을 갖습니다. 높은 우호성은 원만한 인간관계로 이어지므로 사회적으로 중요한 성격 특성입니다. 하지만 반면에 타인을 너무 믿으면 때때로 사기를 당하거나, 금전적인 불이익을 당하거나, 경쟁 상황에서 좋지 못한 결과를 초래할 수도 있습니다. 언뜻 보기에 좋아 보이는 성격 특성이지만, 좋은 결과로 이어질지의 여부는 때와 상황에 따라 달라집니다.

자, 이 다섯 가지 중에서 어느 성격 특성이 어두운 성격과 가장 관련이 깊을까요?

지금까지 연구에서 반복적으로 발견된 것은 어두운 성격과 우호성이 음의 상관관계를 보인다는 사실입니다.[97] 즉, 어두운 성격이 강하면 기본적으로 우호성은 낮다는 뜻이지요.

우호성이 낮은 사람은 주위에 대한 공격성이 강하고, 적의를 쉽게 드러내는 경향이 있으며, 타인을 믿지 못하고, 자신의 이익을 우선시하며, 다른 사람에 대한 배려나 공감이 결여된 경향을 보입니다. 어두운 성격의 일부 특징과 비슷하지 않나요? 어두운 성격은 인간의 성격 전체를 표현하는 경우에도 들어가는 근본적인 특징 중 하나라 말할 수 있습니다.

2. HEXACO 모델의 등장

여섯 번째 요인, H팩터

20세기 말에 등장했던 빅파이브 성격 모델을 확장한 'HEXACO 모델'이라 불리는 성격 모델이 21세기 초에 등장하게 됩니다.[98] 1990년대 캐나다 온타리오주에 있는 웨스턴대학교의 대학원생이었던 애쉬톤과 리는 한국어 성격 용어를 정리하면서, 심리학 연구 시 여러 가지 변수를 통계적으로 정리할 때 자주 쓰는 요인분석이라는 통계 기법을 사용해 빅파이브 성격이 발견되는지 아닌지 검토했습니다.

이때 빅파이브 성격의 다섯 가지 성격 특성에 추가하여 한 가지 더 해석 가능한 요인을 찾아냈습니다. 그것은 바로 성실함, 솔직함, 정직함, 겸손함 등의 단어와 그와 반대되는 뜻을 가진 교활함, 계산적, 위선적, 거만함, 자만심 등의 단어였습니다. 애쉬톤과 리는 이 여섯 번째 요인이 한국어 말고 다른 언어에도 존재하는지 조사하기 시작했습니다. 여러 개의 단어 목록을 통계적으로 분석한 결과, 영어에서도 여섯 가지 요인을 찾아낼 수 있었습니다. 참고로 일곱 번째 요인을 찾으려는 시도는 실패했다고 합니다.

애쉬톤과 리는 자신들이 찾아낸 독자적인 인자를 '정직-겸손성(Honesty-Humility의 머리글자를 따 'H팩터'라고 함)'이라 명명했습니다. 그리고 여섯 개의 성격 특성을 정직-겸손성(H팩터), 정서성(Emotionality), 외향성(Extraversion), 우호성(Agreeableness), 성실성(Conscientiousness), 경험에 대한 개방성(Openness to experience)에서 각각 한 글자씩 따 HEXACO 모델이라 불렀습니다. 영어로 'hexagon'은 육각형, 'hexa-'는 여섯 개로 구성된 무언가를 의미합니다. HEXACO 모델이라는 이름은 여섯 가지 성격 특성이 모인 상태에 딱 어울립니다. 이름이 그럴듯하고 멋스러워서인지, 그들이 발표한 HEXACO 모델은 눈 깜짝할 새에 전 세계에 알려졌습니다. 연구를 할 때도 네이밍 센스가 중요하다는 말이 괜히 있는 게 아닌 듯합니다.

그런데 어두운 성격과 HEXACO 모델의 관련성을 검토했더니, H팩터와 뚜렷한 음의 상관관계를 보인다는 사실이 드러났습니다. 그리고 역시 HEXACO 모델에서도 우호성이 어두운 성격과 음의 상관관계를 보였습니다. 빅파이브 성격 모델보다 HEXACO 모델이 어두운 성격의 특징을 좀 더 잘 파악하고 표현한다고 볼 수 있지요.

H팩터가 낮은 사람은 구체적으로 어떤 행동을 보일까요? 예를 들어, 남의 비위를 맞추고 마치 상대에게 호의가 있는 듯 거짓으로 행동합니다. 자기가 먼저 공손하게 굴면서 상대의 마음에 들려고 하지만 그것은 본심이 아닙니다. 자신을 위해 상대를 이용하려는 꿍꿍이가 숨어 있지요. 또 자신의 이익을 위해 아무렇지 않게 규칙을 어긴다는 특징도 있습니다. 또한 고가의 제품이나 돈에 집착한다는 특징과 특별한 지위나 권위를 얻길 기대하는 경향도 보인다고 합니다.

H팩터는 우호성과도 혼동되기 쉬운 측면이 있습니다. H팩터가 높거나 우호성이 높으면 다른 사람들에게 협조적인 태도를 보이는 경향이 있습니다. 하지만 H팩터가 높다는 것이 인간관계 속에서 상대에 대한 경의와 솔직함, 공유하고 있는 암묵적인 룰을 지켜 상대에게 위해를 가하지 않는 경향을 의미하는 한편, 우호성이 높다는 것

은 상대의 기분을 헤아려 상대가 불쾌해할 만한 일을 피하고 협조적인 태도를 취하는 경향을 의미합니다.

H팩터가 낮은 사람은 상대방 몰래 교활하게 상대를 이용하려고 시도하는 반면, 우호성이 낮은 사람은 공격적이고 가시 돋친 태도를 보이게 됩니다. 이처럼 H팩터가 낮은 경우와 우호성이 낮은 경우는 인간관계에 부정적인 영향을 미친다는 점에서는 동일하지만 그 방향성이 다릅니다. 어두운 성격은 이러한 양 측면과 관련된 특징을 지닙니다.

사실 HEXACO 모델은 어두운 성격 특성에 관한 연구가 증가하면서 널리 퍼졌다는 느낌이 있습니다. 21세기에 들어서면서 연구자들이 어두운 측면에 주목하기 시작했는데, 그때 마침 애쉬톤과 리가 이 성격 특성을 찾아낸 것이라고도 말할 수 있겠네요.

심리학에서 말하는 '기질'

심리학에서 '퍼스낼리티', '인격', '성격', '기질' 등과 같은 용어를 구별하기란 꽤나 까다롭습니다. 깊이 들어가면 미묘하게 뉘앙스가 다르기 때문입니다. 내용적으로 '인격'이나 '성격'은 영어 단어 '퍼스낼리티(personality)'와 비슷한 의미로 쓰이는데, 문맥에 따라 '인격' 또는 '성격'으로 번역되거나, 영어 발음 그대로 '퍼스낼리티'라고 쓰기도 합니다. 영어 단어 '캐릭터(character)'는 윤리적, 도덕적으로 바람직한 개인차를 가리키는 경우가 많아 번역할 때 '인격'이 뉘앙스 측면에서 더 가깝지 않을까 싶습니다.

그런데 이러한 용어 중에서도 '기질'은 뉘앙스 자체가 다릅니다. '기질'이란 단어는 'temperament'라는 단어를 번역할 때 쓰입니다. 심리학의 역사 속에서 '기질'이라는 단어는 대략 두 가지의 의미로 쓰였습니다.

하나는 영유아기에 나타나는 심리생물학적 개인차입니다. 아직 말을 제대로 하지 못하는 어린아이들의 개인차에 대해서도 많은 연구가 이루어졌습니다. 단어를 사용해 질문에 답할 수 있는 나이는 초등학생 때부터라고 할 수 있는데, 그보다 어린 아이들 사이에 나타나는 개인차는 '기질'이라 표현합니다.

다른 하나는 생물학적 요인에 강한 영향을 받은 심리학적 개인차를 '기질'이라 표현하는 경우입니다. 단, 이 가정을 확인하는 것은 쉽지 않습니다. 어디까지나 이론적으로 '이 심리 특성은 생물학적, 유전적인 영향이 클 것이다'라고 추측되는 경우에 기질이라는 표현이 사용됩니다. 덧붙여, 영유아기에 나타나는 '기질'과 비슷하게 보이는 심리 특성을 좀 더 성장한 후에 적용하는 경우에도 기질이라 표현할 때가 있습니다.

기질에 대한 이론이나 연구도 매우 다양합니다. 그중에서 아이들뿐만 아니라 어른들에게도 적용할 수 있는 기질로, 영국의 심리학자

이자 뇌신경과학자인 그레이가 주창한 BIS/BAS라는 체계가 있습니다.[99]

그레이는 외향성과 신경성을 조합하여 뇌신경과학적인 작용의 개인차에 적절한 조합을 고안해 냈습니다. 바로 불안과 충동성이라는 두 가지 심리적 기능에 대응하는 조합입니다. 불안을 느끼는 데에는 행동억제체계(BIS), 충동성을 느끼는 데에는 행동활성화체계(BAS)라는 동기부여 시스템이 있다고 가정할 수 있습니다. 이 두 가지를 합하여 BIS/BAS라 부릅니다. 행동억제체계는 처벌에 민감하게 반응하는 경향을 나타내고, 행동활성화체계는 보상에 민감하게 반응하는 경향을 의미합니다.

또 그레이의 이론에서는 위협에 대한 반응으로 투쟁-도주-경직 시스템(FFFS)을 가정합니다. 눈앞에 갑작스러운 위기가 닥쳤을 때, 우리는 싸우거나(투쟁) 도망가거나(도주) 그 자리에 얼어붙어 버리는(경직) 반응을 보이지요. 'Fight-Flight-Freeze'를 '투쟁-도주-경직'이라 바꾼 것은 그야말로 적확한 번역이라 생각합니다. 다만 연구 과정에서 FFFS와 BIS를 구별하기는 다소 어려우므로, FFFS를 BIS 안에 포함시키는 형태로 연구가 진행됩니다.

그런데 BIS/BAS와 어두운 성격의 관련성에 대한 검토도 이루어졌습니다.[100] 전체적으로 어두운 성격은 BIS와 음의 상관관계를, BAS와 양의 상관관계를 보였습니다. 어두운 성격이 강하면 처벌에 대한 감수성은 낮고 보상에 대한 감수성은 높은 듯합니다. 이 결과는 어두운 성격의 소유자가 억제력이 약하고 대담하며 충동성이 강하다는 점이 반영된 결과라 할 수 있습니다.

다만 마키아벨리즘은 BIS와의 음의 상관관계이든 BAS와의 양의 상관관계이든 관련 정도가 그리 크지 않다는 결과가 나왔습니다. 계획적으로 전략을 짜는 등 마키아벨리즘의 특징이 나타나는 상황에서는 충동적으로 행동했을 때 오히려 좋지 않은 결과를 초래할 우려가 있으므로, 이러한 결과가 어느 정도 이해가 갑니다.

3. 어두운 성격과 자존감

'자기긍정감' 말고 '자존감'

요즘 '자기긍정감'이라는 말을 부쩍 많이 쓰기 시작했다는 느낌이 듭니다. 하지만 심리학 연구에서는 이와 거의 비슷한 의미인 '자존감'이라는 표현을 자주 사용합니다.

자존감은 자신을 평가 대상으로 놓았을 때 스스로를 긍정적으로 느끼는 마음을 의미합니다. '나는 ○○이다'와 같이 자신이 어떤 사람인지 스스로 인지하는 것을 자아개념이라 말합니다. 누구나 '나는 내가 ○○한 사람이었으면 좋겠다'라고 생각하는 등 자신이 그리는 이상적인 모습이란 게 있는데, 이를 이상적 자아라고 합니다. 자존감이 높다는 것은 이상적 자아와 현실적 자아 사이의 간극이 적음을 의미하기도 합니다. 이상적 자아와 현실적 자아 사이에 괴리가 심하면 자존감이 낮아집니다.

어두운 성격 중에는 나르시시즘이 자존감과 양의 상관관계를 보입니다. 다만 상관계수가 0.30 정도이므로 관련성이 그리 높다고는 할 수 없습니다.[101] 스스로에게 높은 가치를 부여하는 나르시시즘 성향이 강하면 자존감도 높을 것이라 예상할 수 있습니다. 하지만 나르시시즘이 자존감과 부분적으로 겹치긴 해도 완전히 일치하지는 않습니다.

어두운 성격과 자존감 불안정성

나르시시즘과 자존감의 관계를 생각하면, '자존감이 높은 게 과연 좋은 걸까?'라는 의문이 생깁니다. 지금까지의 연구를 보더라도 자존감이 높다고 다 좋은 것은 아니었으니 말입니다.

예를 들어, 자존감 안정성이라는 관점이 있습니다.[102] 2주 동안 매일 밤 자존감에 관한 설문조사에 응답했을 때, 그날 좋은 일이 많이 있었다면 자존감이 높게 나올 것이고 나쁜 일이 많았다면 자존감이 낮게 나올 것입니다. 하지만 그 정도는 사람마다 다릅니다. 좋은 일이 많든 나쁜 일이 많든 자존감에 그다지 변동이 없는 사람도 있고, 아주 사소한 일에도 자존감이 크게 변동하는 사람도 있지요. 이렇듯 사건에 따라 자존감이 얼마나 크게 변동하는지를 비교하는 것입니다.

자존감이 높은 사람들을 보면 비교적 안정도가 높은 사람들과 낮은 사람들이 혼재되어 있습니다. 안정적이면서 높은 자존감을 가진 사람은 환경이나 상황에 별로 좌우되지 않고 자신을 높게 평가할 수 있습니다. 반면에 불안정하면서 높은 자존감을 가진 사람은 자신의 자존감을 어떻게 하면 높게 유지할까 늘 걱정하며 대처해야만 합니다.

자신이 바람직한 상태인지, 남보다 더 나은지 일상생활 속에서 '이상적인 나'의 모습을 계속 찾고, 자신의 이미지가 나빠지지 않도록 항상 신경 쓰며, 혹여나 자신의 이미지가 나빠질까봐 항상 조마조마한 상태로 생활하게 되는 것이지요.

어두운 성격 중에서도 강한 나르시시즘 성향은 높고 불안정한 자존감과 관련이 있어 보인다는 지적이 나왔습니다. 명확한 증거는 없지만, 나르시시즘 성향이 강한 사람은 자존감이 높고 특히 일상생활 속에서 마주하게 되는 실패에 강한 반응을 보이는 경향이 있습니다.[103] 나르시시스틱한 사람은 자신이 성과를 제대로 내지 못하면 자존감이 확 떨어지는 듯합니다.

내현적 자존감

자존감에는 내현적 자존감이라는 것이 있습니다.[104] '내현적'이라는 것은 스스로도 알아차리지 못했다, 즉 의식화되지 못했다는 의미입니다. '무의식'이라는 말은 역사적으로 심리학과 관련이 있지만 다소 복잡한 관계성을 지닌, 프로이트가 창시한 정신분석학 용어입니다.

심리학에서도 '의식화되지 않은' 심리적 프로세스를 연구 대상으로 삼는 경우가 있는데, 그런 경우에는 '내현적', '비의식적' 등과 같이 무의식이란 말 대신 에둘러 표현한 단어를 사용할 때가 있습니다. 이 표현은 정신분석학에서 다루는 역동적인 무의식이 아니라는 의미에서 표현상 구별을 둔 것입니다. 어디까지나 의식적으로 파악하기가 어려운, 혹은 주의를 기울이지 않으면 의식화되지 않는 심리적 프로세스를 다룬다는 의미로 이러한 표현을 사용합니다.

예를 들어, 내현적 자존감을 측정하는 암묵적 연관성 테스트(IAT)라는 방법은 '자신'과 관련된 단어와 긍정어의 연결, '타인'과 관련된 단어와 부정어의 연결 정도에 따라 측정됩니다. 자신과 긍정어, 타인과 부정어의 연결을 조사하고 자신과 부정어, 타인과 긍정어의 연결을 조사하여 두 검사 결과의 차를 산출하면 내현적 자존감이 얼마나 높은지 측정할 수 있습니다.

암묵적 연관성 테스트는 카드를 최대한 빠르게 분류하는 미션을 떠올리면 이해하기 쉽습니다. 우선 카드를 충분히 섞어 줍니다. 그리고 가능한 한 빠르게 카드를 좌우로 분류합니다. 먼저 좌측에는 '하트(♡)'와 '다이아(◇)'를 놓고, 우측에는 '스페이드(♠)'와 '클로버(♣)'를 놓습니다. 분류가 끝나면 다시 한번 카드를 모아서 섞어 줍니다. 그리고 이번에는 좌측에 '하트(♡)'와 '클로버(♣)'가, 우측에 '스페이드(♠)'와 '다이아(◇)'가 오도록 최대한 빠른 속도로 분류합니다.

이 두 가지 분류 방법을 실제로 해 보면 알겠지만, 첫 번째 분류 미션처럼 카드를 빨간색(하트와 다이아)과 검은색(스페이드와 클로버)으로 분류하는 것은 그다지 어렵지 않습니다. 하지만 한쪽에 하트와 클로버를 놓고, 다른 한쪽에 스페이드와 다이아를 놓는 것처럼 서로 다른 색깔을 섞어서 분류하려고 하면 많이 헷갈리고 인지적 작업의 부하가 커져 분류를 끝내기까지 꽤 오랜 시간이 걸립니다.

이처럼 같거나 비슷한 것을 한데 모으는 작업은 시간이 별로 걸리지 않지만, 서로 다르거나 관계가 없어 보이는 것을 한데 모으려면 시간이 많이 걸립니다. 게다가 색깔이 서로 다른 카드를 한데 묶어 분류하는 미션처럼 의식하면서 하는데도 속도를 조절하기가 쉽지 않습니다. 이러한 속도의 차이를 이용해 내현적 자존감을 측정하는 것이 바로 암묵적 연관성 테스트입니다.

자신과 긍정적 이미지를 강하게 연결 짓는 사람이라면 '나'와 '긍정어', '타인'과 '부정어'를 한데 묶어 분류할 때 훨씬 속도가 빠르겠지요. 그리고 '나'와 '부정어', '타인'과 '긍정어'를 한데 묶어 분류하려고 하면 속도가 크게 저하될 것입니다. 이 '차이'가 크면 내현적 자존감이 높은 사람이라고 볼 수 있습니다.

내현적 자존감은 다른 방법으로도 측정할 수 있습니다. 예를 들어, 알파벳 하나하나를 짚어 가며 그 알파벳을 얼마나 좋아하거나 싫어하는지 평가하는 것입니다. 내현적 자존감이 높은 사람은 자연스레 자신의 이름(특히 이니셜)에 들어가는 알파벳을 선호하는 경향이 있습니다. 이를 '이름 효과'라고 합니다.

또 숫자 선호도를 평가하는 방법도 있습니다. 숫자를 늘어놓고 각각의 숫자를 얼마나 좋아하는지 답하도록 하는 것이지요. 내현적 자존감이 높은 사람은 본인의 생일과 관련된 숫자를 더 선호하는 경향이 있는데, 이를 '생일 효과'라고 합니다.

자기 자신을 의식하여 심리 척도를 평가하는 것이 일반적으로 우리가 말하는 자존감인데, 연구논문 안에서도 보통 '자존감'이라 기술됩니다. 그러나 내현적 자존감과 대비시킬 때는 이것을 외현적 자존감이라 부릅니다. 그러면 의식적인 외현적 자존감과 무의식 상태에서 자신을 선호하는 경향인 내현적 자존감의 관계에서 우리는 어떠한 점을 알 수 있을까요?

만약 외현적 자존감은 높은데 내현적 자존감이 낮으면, 그 사람은 그 둘 사이에 커다란 간극이 생기겠지요. 암묵적인 내현적 자존감이 낮은 경우는 본인이 의도적으로 끌어올리려 해 봤자 아무 소용이 없고 어떻게 할 방법이 없습니다. 하지만 그런 사람도 자존감이 낮은 것보다는 높은 편이 더 바람직한 상태라 생각하므로, 자존감을 높이고 싶은 욕구는 계속 존재합니다. 그러니 어떻게든 자존감을 높이려고 노력하지요.

그러나 인간은 자신의 내현적 자존감에 직접적으로 다가갈 수 없기 때문에, 그 대신 의식적인 외현적 자존감을 높이려 합니다. 다만 내현적 자존감이 낮은 사람은, 외현적 자존감이 높아졌다 해도 그것은 무언가를 임시로 덧댄 것처럼 피상적이고 당장이라도 무너질 만큼 부실한 자존감일 가능성이 큽니다. 이러한 유형의 사람은 겉으로 보기엔 자신감이 넘쳐 보여도 본인조차 자각하지 못한 부분에서 불안과 취약함을 안고 있을 수 있습니다.

어두운 성격과 관련하여, 강한 나르시시즘은 외현적 자존감이 높고 내현적 자존감이 낮은, 즉 두 개의 자존감 사이에 간극이 큰 것과 관련이 있다는 연구 결과가 있습니다.[105] 내현적 자존감이 낮고 외현적 자존감이 높은 것은 앞서 설명한 안정성이란 관점에서 보면 높고 불안정한 자존감과 공통된 부분이 있습니다. 자존감이 높지만 안정적이지 못한 사람은 일이 술술 잘 풀리고 있는 동안에는 높은 자존감을 유지할 수 있지만, 살면서 무언가 문제가 발생하면 그 순간 바로 자신이 가치가 없다고 느낄 가능성이 있습니다. 자존감의 상태를 안정적으로 유지하기란 결코 쉬운 일이 아닙니다.

또 나르시시즘 외의 어두운 성격들은 자존감과의 관련성이 명확하지 않습니다. 관련이 없다는 보고도 있지만, 굳이 말하자면 약간의 음의 상관관계가 있다고 보고되는 경향이 있지요. 마키아벨리즘과 사이코패시, 사디즘 성향이 강한 사람들 중에는 자존감이 높은 사람도 있고 낮은 사람도 있는데, 자존감이 약간 낮은 편에 속하는 사람이 많다고 할 수 있습니다.

4. 자아개념이 불명료한 어두운 성격의 소유자

명확한 자아개념

자존감이 낮은 사람은 자신이 어떠한 사람인지에 대한 자신의 주관적인 인식을 뜻하는 '자아개념'이 불명료하다는 지적이 있습니다.[106]

자존감이 높은 사람에 비해, 자존감이 낮은 사람은 자신을 특정 단어로 표현했더라도 시간이 지난 후 다시 표현하라고 하면 자신을 묘사하는 내용이 크게 달라진다고 합니다. 또한 '난 어떤 사람인가'를 표현할 때 자존감이 낮은 사람은 다소 시간이 걸린다고 합니다. 이처럼 자존감이 낮은 사람의 자아개념은 불명료하면서, 확신하는 정도가 낮고, 때와 장소를 떠나 불안정하며, 일관되지 않는다는 특

징이 있지요.[107]

이러한 연구에서 '자아개념의 명확성'이라는 개념이 등장했습니다.[108] 자아개념이 명확한 사람은 자기 안에 상반된 모순이 존재하지 않고, 때와 장소에 따라 바뀌지 않으며, 자신이 어떠한 사람인지를 정확히 자각하고 있고, 자신에 대해선 자기가 제일 잘 안다고 생각합니다. 그리고 자아개념이 명확한 사람은 불안이나 우울을 느끼지 않고 정서적으로 안정되어 있으며, 성실한 성격의 소유자인 경우가 많은 듯합니다. 또 자아개념의 명확성은 청년기의 자아와 정체성 발달과도 밀접한 관련이 있다고 합니다.

지금까지의 연구에 의하면 아무래도 어두운 성격의 소유자는 자아개념의 명확성이 결여된 듯 보입니다.[109] 마키아벨리즘과 나르시시즘, 사이코패시 모두 스스로를 다양한 언어로 명확하게 기술하지 않는 경향이 있으며, 자신이 어떠한 사람인지 두루뭉술하게 인식하고 있습니다. 그리고 연구를 통해 어두운 성격의 소유자가 스스로를 '활발하다', '친절하다', '해맑다' 등과 같이 시간과 관계없이 안정된 성격 용어로 표현하는 것이 아니라 '피곤하다', '흥분했다' 등과 같이 일시적인 상태를 나타내는 단어로 자신을 표현하는 경향이 있다는 점도 드러났습니다.

어두운 성격의 소유자가 스스로를 그다지 명확하게 인식하지 못하고 있다는 점은 꽤 흥미로운 특징입니다. 하지만 많은 작품에서도 묘사되었듯이, 우리는 파멸적이고 불명료하며 위험한 분위기를 내뿜는 사람에게 끌릴 때가 있습니다. 이렇게 어두운 성격의 소유자가 매력적인 인물로 비치는 이유 중 하나는 어쩌면 자아개념의 명확성이 결여된 것 같은 알 수 없는 심오한 분위기 때문일지도 모르겠습니다.[110]

온라인에서 자신을 드러내는 방법

세계적으로는 SNS 중에서도 페이스북을 많이 씁니다. 그런데 일본은 그 양상이 조금 다릅니다. 일본에서는 라인을 이용하는 사람이 가장 많고, 그다음이 X(구 트위터), 인스타그램, 그리고 페이스북 순입니다.[111] 특히 젊은 세대는 페이스북을 별로 쓰지 않습니다. 아마 페이스북이 너무 오픈되어 있고 실명 가입이 원칙이기 때문이 아닐까 싶습니다.*

일본에서는 실명으로 SNS에 가입하는 것을 꺼리는 경향이 있습니다. 저 같은 연구자들은 논문이나 책도 실명으로 발표하고 있고, 활동 자체를 실명으로 하기 때문에 SNS가 보급되었을 당시부터 너무도 당연하게 실명으로 가입을 했습니다. 하지만 한편으로 실명 가

---

* 한국의 경우, 한국언론진흥재단이 2024년 실시한 조사에 따르면 카카오톡이 가장 많았고, 그다음이 유튜브, 인스타그램, 밴드, 네이버 블로그 순으로 나타났다. 페이스북은 8위를 차지했다.

입이 리스크를 동반한다는 점도 부인할 수 없는 사실입니다.

디지털 정보가 온라인상에 남아 전 세계에 공개되는 바람에 미래의 자신에게 불리한 정보가 영구히 박제되는 것을 '디지털 문신'이라고 합니다.[112] 흔히 말하는 '흑역사'와 비슷하지요. 한번 온라인상에 공개된 정보는 설령 원본 데이터를 지운다 하더라도 캐시에 자동으로 저장되거나, 특정 시점의 웹페이지 스냅샷을 저장할 수 있는 아카이브 사이트* 등에 남아 영원히 박제되어 버립니다.

또 누군가가 자신의 기기에 저장해 둔 스크린샷이나 사진 등을 다시 SNS에 올리면, 작성자 본인이 글을 삭제하더라도 그 정보가 인터넷에 영원히 떠돌아다니게 됩니다. 심지어 작성자가 정보를 숨기려고 하면 그 행위가 반감을 사면서 정보가 오히려 확산되기도 합니다.

이러한 일이 벌어질 우려가 있는 인터넷 공간에서는 자신의 정보를 잘 통제해야 합니다. 그렇다면 자아개념이 불명료해 자신이 어떤 사람인지에 대한 인식이 확실치 않은 어두운 성격의 소유자는 온라인상에서 어떻게 자신을 표현할까요?

호주 퀸즐랜드대학교 니친스크 박사의 연구팀은 온라인에서 자기

---

* **아카이브 사이트** 게시글의 내용을 데이터로 보존하는 곳으로, 사이트 서버나 운영 방침에 영향을 받지 않고 자체적 링크를 생성할 수 있으므로 영구 박제가 가능하다.

자신을 표현하는 방법을 세 가지 유형으로 나누어 설명합니다.[113] 첫째, 온라인상에서 상황에 따라 자신의 모습을 매번 다르게 보여 주는 '적응적 자기제시' 유형입니다. 이것은 어떤 SNS 계정으로는 점잖게 활동하고, 다른 계정으로는 신랄한 댓글을 다는 등 상황에 맞게 자신을 완벽하게 분리하여 드러내는 방법입니다. 이 유형은 오프라인과 온라인의 차이가 크며, 온라인상에서 다른 사람들에게 어떻게 보일까를 의식하여 자신의 모습을 어떻게 보여 주고 어떤 인상을 남길지 연구하는 경향을 보입니다.

둘째, '진짜 자기제시' 유형입니다. 이것은 온라인상에서 항상 자신을 솔직하게 내보이는 유형입니다. 이 유형에 해당하는 사람은 오프라인에서 볼 수 있는 일상적인 모습과 온라인상의 모습 사이에 차이가 별로 없고, 진짜 자신의 모습이 온라인상에서도 표현되고 있다고 생각합니다.

셋째, 온라인상에서는 자신을 더 간단하고 자유롭게 표현할 수 있다고 생각하는 '자유로운 자기제시' 유형입니다. 이 유형에 해당하는 사람은 자신이 추구하는 모습을 온라인상에서 보다 적극적으로 가볍게 표현할 수 있을 것입니다.

어두운 성격과 자기제시의 관련성을 검토해 보니 몇 가지 패턴이 드러났습니다. 마키아벨리즘, 나르시시즘, 사이코패시 모두 온라인상에서 상황에 맞게 자신을 바꾸어 보여 주는 적응적 자기제시 유형과 비교적 강한 관련성을 보인 것이지요. 한편, 그중에서도 특히 마키아벨리즘과 사이코패시는 오프라인과 온라인의 간극이 적은 '진짜 자기제시' 방법을 '쓰지 않는' 경향이 있었습니다.

반면에 나르시시즘은 진짜 자신의 모습을 보여 주려는 경향을 보입니다. 그리고 마키아벨리즘은 온라인상에서 자신의 모습을 적극적으로 과장하는 자유로운 자기제시 유형과 관련이 있고, 반대로 나르시시즘은 과장하지 않는 자기제시 유형과 관련이 있었습니다.

전체적으로 어두운 성격 중에서도 마키아벨리즘 성향이 강한 사람은 온라인상에서 다른 사람들의 시선을 심하게 의식하기 때문에, 자기 모습을 적절히 바꾸며 자신의 이미지를 조작하는 경향이 있음이 드러났습니다. 한편, 사이코패시는 오프라인과 온라인의 모든 상황에서 자신의 이미지를 조작하여 보여 주지만, 자기표현을 그렇게까지 적극적으로 하지는 않는 듯합니다. 나르시시즘 성향이 강한 사람은 온라인상에서 매번 상황에 맞게 자신의 모습을 바꾸는데, 굳이 말하자면 실제 자신의 모습을 보여 주려는 경향이 더 강해 보입니다.

아무래도 어두운 성격의 소유자는 온라인상에서 자신이 어떻게 보일지 정확히 파악하여 자신을 그에 맞게 잘 변화시키는 경향이 있는 것 같습니다.

자기감시 심리와 어두운 성격

미국의 사회심리학자인 마크 스나이더가 1970년대에 주창한 개념 중에 자기감시라는 것이 있습니다.[114] 자기감시는 상황에 맞게 자신의 행동을 감시하여 잘 조절하는 것을 의미합니다.

　자기감시가 높은 사람은 어떠한 상황이나 장면에서 적절한 방법으로 자신을 어떻게 표현하면 좋을지 관찰하고, 무엇이 적절한 행동인지를 민감하게 알아차려 자신의 행동을 적절하게 조정합니다. 스나이더는 카멜레온이 피부색을 주위 환경에 따라 바꾸듯이 상황에 맞추어 자신을 적절히 조정한다는 의미에서 자기감시가 높은 사람들을 '사회적 카멜레온'이라 표현했습니다. 이처럼 적절하게 자신의 행동을 조절할 수 있는 사람은 사회적 상황에 맞추어 자신의 행동을 변화시키는 것도 가능하므로, 다양한 방면에서 성공할 가능성이 높습니다.

　한편, 자기감시가 낮은 사람은 상황에 관계없이 자신의 가치관이나 생각을 그대로 표출하는 경향이 있습니다. 스나이더에 따르면, '언제 어디서나, 누구 앞에서건 난 똑같다'라는 생각이 자기감시가 낮은 사람의 특징이라고 합니다. 이런 사람을 솔직한 사람이라 평가하는 분위기라면, 아마 그 사람은 주위 사람들과 쉽게 어울릴 수 있을 것입니다. 하지만 자신의 감정이나 생각을 그대로 표출하는 것은 때때로 타인과 나 사이에 불화를 낳기도 합니다.

어두운 성격의 소유자는 어떠한 자기감시 경향을 보일까요? 캐나다-폴란드 연구팀이 둘의 관련성을 검토했습니다.[115] 그 결과, 어두운 성격은 자기감시 경향과 양의 상관관계를 보인다는 점이 드러났습니다. 특히 사이코패시와 나르시시즘은 자기감시와 비교적 강한 관련성을 보였습니다. 어두운 성격의 소유자가 온라인상에서 모습을 바꿔 가며 보여 주는 것도 자기감시가 높기 때문일지 모릅니다.

또 스나이더는 자신의 저서 『Public appearances, private realities: The psychology of self-monitoring(대중에게 보여 주는 모습과 사적인 실제 모습: 자기감시 심리)』에서 자기감시와 마키아벨리즘의 차이에 대해 언급했습니다. 자기감시는 주위의 기대에 부응하도록 자신의 행동을 조절함으로써 주위 사람들과 잘 지내 보려는 조절적 대인관계의 측면을 가집니다. 반면에 마키아벨리즘은 타인을 이용하므로 자신의 목적과 목표에 주위 사람들을 맞추려고 하는 동화적(同化的) 대인관계의 측면을 가집니다.

즉 자기감시와 마키아벨리즘은 둘 다 자신과 주위 사람을 이으려 한다는 점에서 공통적인 지향성을 가지지만, 그 안을 들여다보면 어느 쪽으로 맞추는지 그 방향성이 서로 다르다는 사실을 알 수 있습니다.

5. 공감능력과 어두운 성격

'인지적 공감능력'과 '정서적 공감능력'

타인을 배려하고 그 사람의 입장에서 이해하려는 마음의 작용을 공감이라 합니다. 공감능력은 인간관계에서 꼭 필요한 능력이지만, 개인의 심리 작용으로서도 중요한 측면을 갖습니다.

공감능력에는 두 가지가 있습니다. 하나는 다른 사람의 표정이나 언행을 보고 그 사람이 어떤 기분인지, 어떤 감정을 품고 있는지를 추측하여 인식하는 것입니다. 이를 '인지적 공감능력'이라고 합니다. 다른 하나는 타인의 감정을 자신의 것처럼 받아들여 똑같이 느끼는 것입니다. 이것은 '정서적 공감능력'이라고 합니다.

어둠의 3요소와 두 가지 공감능력의 관련성을 검토한 연구가 있습니다.[116] 마키아벨리즘, 나르시시즘, 사이코패시 모두 상대의 감정에 이입하는 정서적 공감능력의 결여와 관련이 있었습니다. 한편, 인지적 공감능력의 경우 사이코패시는 관련성이 보이지 않았지만 마키아벨리즘과 나르시시즘은 양의 상관관계를 보였습니다. 인지적 공감능력이 뛰어나면 눈앞에 있는 상대가 지금 무슨 생각을 하는지, 무엇을 느끼는지를 잘 알아차린다는 것이지요.

마키아벨리즘과 나르시시즘 성향이 강한 사람은 상대가 어떤 감정을 느끼고 있는지를 알아차려 상대를 조종하고 자신의 이익을 위해 상대를 이용합니다. 반면에 사이코패시 성향이 강한 사람들은 인지적 공감능력에 의존하지 않고 상대방을 압박하는 전략을 취하는 경향이 있을지도 모릅니다.

어두운 성격과 우울·불안

어두운 성격 중 특히 마키아벨리즘과 사이코패시 성향이 강한 사람은 우울 정도가 높은 경향이 있는 듯합니다.[117] 심지어 우울뿐만 아니라 불안도 어두운 성격과 관련이 있다는 연구가 있습니다.[118] 우울과 불안 모두 기분이 침체되거나 의욕·동기부여·집중력이 감소하며, 수면장애, 식욕부진이나 과식, 극심한 피로 등 부정적인 증상을 수반합니다.

하지만 우울은 실제로 나쁜 일을 겪거나 상실을 경험하여 부정적 증상이 나타나는 것이고, 불안은 구체적인 사건이 있다기보다 앞으로 일어날지도 모르는 미지의 사건이나 위협 때문에 부정적 증상이 나타나는 것이라 차이가 있습니다. 우울과 불안은 유사하지만, 무엇에 대해 부정적인 감정을 느끼는지가 다른 것이지요.

어쩌면 어두운 성격이 우울이나 불안과 관련이 있다는 연구 결과가 생뚱맞게 느껴질지도 모릅니다. 하지만 지금껏 살펴본 바와 같이, 어두운 성격의 소유자는 스스로에 대해 갖는 이미지가 불명료하고 주위 상황에 맞추어 자신의 모습을 바꾼다는 특징이 있습니다. 주위 사람들의 시선을 신경 쓰기 때문에 자기가 원하는 이미지로 비칠 수 있게 자신의 이미지를 조작하려 합니다.

하지만 현실에서는 어두운 성격의 소유자가 원하는 대로 이미지를 조작하지 못할 때도 있습니다. 아무리 교활하게 자신의 이미지를 바꾸어 보려고 해도, 주위 사람들이 자기가 원하는 대로 자신을 인식하게 만들려 해도, 자신이 그린 이미지대로 행동하려 해도 그 시도가 늘 성공하는 것은 아닙니다.

이러한 상황을 어두운 성격의 소유자들이 모를 리가 없겠지요. 오히려 주위 상황이나 자신이 놓인 상황을 자세히 관찰하는 경향이 있기 때문에, 자신의 시도가 성공하지 않을 가능성이나 실제로 시도가 실패한 사실도 모두 인지하고 있을 것입니다. 이것이 그들의 우울과 불안을 심화시키는 요인일지도 모르겠네요.

물론 행동에 유의하여 자신이 의도한 대로 사회생활을 잘하고 있는 어두운 성격의 소유자도 있을 것입니다. 하지만 이는 현실적으로 실패할 위험성이 큰 전략입니다.

과민한 어둠의 3요소

나르시시즘에 대해 살펴볼 때, 다른 사람의 평가를 과도하게 신경 쓰고 겁내는 과민형이라든가 과잉경계형, 해리형 혹은 취약형 등이라 불리는 유형이 있다는 설명을 했지요. 그런데 사실 나르시시즘뿐만 아니라 마키아벨리즘이나 사이코패시도 과민한 측면이 있다는 지적이 있습니다.

미국의 성격심리학자 밀러는 쉽게 상처받고 과민한 어둠의 3요소에 대해 연구했습니다.[119]

첫 번째는 앞서 설명한 과민형 나르시시즘입니다. 이 유형은 타인의 평가에 민감하며, 깨지기 쉬운 과도한 자기긍정감을 갖는 것이 특징입니다. 자신이 남보다 더 뛰어나다는 확신을 가지고 있지만, 한편으로는 '그 평가가 깨지지 않을까', '누가 날 비난하지 않을까', '날 비난하면 어떡하나' 하고 늘 근심 걱정에 사로잡혀 있습니다. 그리고 다른 사람이 조금이라도 부정적인 반응을 보인다 싶으면 그 사람에게 필요 이상으로 강하게 반발하고 심한 비난을 퍼붓는 등 공격적인 태도를 보입니다.

두 번째는 2차적 사이코패시 유형입니다. 이 유형은 요인분석을 통해 측정된 사이코패시 내용을 통계적으로 분류하는 과정에서 발견된 것입니다. 요인분석 결과, 첫 번째 요인에는 거짓말과 죄책감 결여 등 사이코패시의 대인관계적 측면이 포함됐고, 두 번째 요인에는 충동성과 쉽게 질림, 계획성 부족, 쉽게 지루해함, 문제행동 등 사회적 일탈의 측면이 포함됐습니다.

이 두 번째 요인인 2차적 사이코패시는 친절함과 진정성이 결여되어 있으며, 내향적이고 정서적으로 불안정한 경향이 특징입니다.

1차적 사이코패시가 두려움을 모르는 유형인 데 반해, 2차적 사이코패시는 불안이 심하고 충동적이며 사회적으로 문제가 될 소지가 있는 행동도 앞뒤 생각 없이 저질러 버리는 유형입니다.

세 번째는 경계성 혹은 경계선 인격장애라 불리는 유형입니다. 이 유형은 대인관계, 자아상, 불안정한 감정이 특징입니다. 사람들과 친밀한 관계를 맺길 원하면서도, 사람들이 자신을 버릴지도 모른다는 불안감이 심해 인간관계가 불안정합니다. 어떨 때는 다른 사람들에게 심하게 의존하다가도, 또 어떨 때는 주위 사람들을 자기 뜻대로 통제하려 들기도 합니다.

기본적으로 자기 자신의 이미지가 불안정하며, 타인의 평가나 성과에 크게 동요하는 경향이 있습니다. 감정 기복도 심해 분노나 슬픔, 절망, 불안 등의 감정이 크게 오락가락합니다. 충동적인 행동을 보이며, 충동구매나 부적절한 성관계, 약물 복용, 자살 시도 등 다방면에 걸쳐 무모한 행동을 보인다는 것이 특징입니다.

경계성 인격장애는 마키아벨리즘처럼 타인을 자기 뜻대로 움직이려는 특징이 있는데, 전체적으로 심하게 불안정하고 파괴적인 이미지를 수반합니다. 그리고 사실 경계성 인격장애는 과민형 나르시시즘이나 2차적 사이코패시와 밀접한 관련이 있다고 알려져 있습니다.

일반적인 어둠의 3요소와 과민한 어둠의 3요소는 공통된 특징을 보이지만 사실 다릅니다. 다만 일반적인 어둠의 3요소와 과민한 어둠의 3요소 사이에서 개인이 이리저리 왔다 갔다 하는 것이냐 묻는다면, 그건 아닌 듯합니다. 이 둘은 비슷한 인간관계 패턴을 보이면서도 그 너머에 있는 행동원리나 사회에 대한 대처 방법이 서로 다릅니다.

일반적인 어둠의 3요소이든 과민한 어둠의 3요소이든 현대 사회에서 자신의 방식을 관철하려 했을 때 잘 되지 않는 경우가 많지요. 일반적인 어둠의 3요소에 해당되는 사람은 잘 되지 않는 이유를 타인에게 돌리며 공격적으로 행동해 주위로부터 고립될 가능성이 있습니다. 반면에 과민한 어둠의 3요소에 해당하는 사람은 자신의 행동이 뜻대로 잘 되지 않았을 때 공격의 화살을 자신에게 돌려 결과적으로 사회에서 도태되기 쉽습니다.

고립되면 어떤 일이 벌어지는가

어두운 성격의 소유자가 사회에서 고립되면 어떤 일이 벌어질까요?

예를 들어, 인터넷 트롤링에 대한 연구가 있습니다.[120] 인터넷 트롤링이란 온라인상에서 악의적으로 상대를 괴롭히는 행위를 말합니다.

참고로 '트롤'이란 북유럽 신화에 나오는 가공의 거인을 말합니다. 트롤은 여러 소설작품이나 영화 등에도 등장합니다. 2022년에 개봉

한 노르웨이 영화 「트롤의 습격」에서는 인간들의 개발로 인해 산속에 깊이 잠들어 있던 트롤이 깨어나면서 소동이 벌어집니다. 동화책 중에는 염소가 다리를 건널 때 트롤을 마주치는 『배고픈 아기 염소 세 마리』가 유명합니다. 영화로도 제작된 소설 『해리 포터와 마법사의 돌』에도 트롤이 등장하는데, 호그와트 마법학교 안에서 해리 일행과 전투를 벌이지요.

북유럽 신화에 나오는 이런 장난기 많은 트롤에서 배를 타고 루어로 물고기를 낚는 낚시 기법인 트롤링이라는 단어가 파생되었습니다. 그리고 '장난'이라는 의미와 다른 이용자를 '낚는' 행위라는 의미에서, 인터넷에서 행해지는 경우를 가리키는 말로 인터넷 트롤링이라는 속어가 생겨났습니다.

인터넷 트롤링에는 다음과 같은 행동이 포함됩니다.[121] 예를 들어, 개인이 작성한 글의 댓글란이나 뉴스 댓글란에서 작성자를 의도적으로 괴롭히려고 글을 쓰는 것이지요. 또 누군가를 괴롭히는 것과 누군가가 싫어할 만한 내용이 담긴 글을 SNS에 고의적으로 올리는 것도 해당됩니다. 누군가가 쓴 글에 대해 반박 불가능한 내용의 반대의견을 계속해서 쓰면서 후련함을 느끼는 행위도 인터넷 트롤링일 수 있습니다. 그 외에 사람들이 불쾌해하리란 걸 알면서 일부러 불쾌한 웹페이지로 유도하는 행위도 인터넷 트롤링에 해당됩니다. 기본적으로 인터넷에서 악의를 갖고 사람들에게 어떠한 행위를 하면 인터넷 트롤링입니다.

 연구 결과에 의하면, 어두운 성격의 소유자는 고독을 느낄 때 인터넷 트롤링을 하는 경향이 있다고 합니다. 어두운 성격을 강하게 가진 사람이라도 고독하지 않다면 트롤링 수준이 어두운 성격이 거의 없는 사람과 비슷했습니다. 어두운 성격의 소유자들은 현실 인간관계에서 문제를 느끼고 고립되거나 고독을 느낄 때 인터넷에서 다른 사람을 괴롭히는 것이지요. 어두운 성격의 소유자에게 인터넷 트롤링은 현실세계에서 할 수 없기에 사이버 공간에서 대신 벌이는 일종의 공격 행위라 볼 수 있습니다.

 이 말은 곧 사회 속에서 고립되지 않은 채 살고 있다면 어두운 성격의 소유자라 하더라도 인터넷 트롤링을 하지 않을 수 있다는 뜻입니다. 그러므로 어두운 성격의 소유자가 공격적 행동을 하지 않게 하려면 그들이 만족할 만한 인간관계를 유지하도록 해야 합니다.

 만약 그들이 주위의 지원을 충분히 받을 수 있는 입장이라면, 예를 들어 사회적 지위가 있다든가 주위에 도와주는 사람들이 있는 상황이라면 극도로 심한 공격성은 보이지 않을지도 모릅니다. 하지만 애초에 어두운 성격의 소유자들은 대인관계에서 나타나는 그들만의 특징 때문에 사회 속에서 고립되기 쉽지요. 바로 이 부분이 벗어날 수 없는 어두운 성격의 문제가 될 듯합니다.

제 5 장

어두운 성격은 유전되는가

1. 성격은 유전 때문일까, 환경 때문일까

성격은 유전되는 것일까요? 아마 이 문제는 많은 사람이 궁금해하는 점일 것입니다. 어두운 성격도 마찬가지입니다. 유전의 영향을 받는지, 아니면 자라면서 결정되는 것인지. 또 성장할수록 심해지는지, 아니면 나아지는지.

   이러한 문제에 대해서도 지금까지 많은 연구가 있었습니다.

우생학의 확산

성격이 유전자에 의해 결정되는지, 아니면 환경에 의해 결정되는지는 오래전부터 연구자들이 고민하고 연구해 온 문제입니다. 그리고 이 문제는 우월한 유전형질을 남김으로써 인간집단의 질을 향상시키려는 우생학의 역사와 분리하여 생각할 수 없습니다. 나아가 심리학의 역사도 우생학과 밀접한 관계를 가집니다.

심리학 중에서 우생학과 뚜렷한 관련성을 보이는 대표적 개념은 지능이었습니다. 20세기 초 프랑스의 심리학자 비네가 초기 지능검사를 개발했을 무렵, 이미 우생학의 개념은 사회에 널리 퍼져 있었습니다.[122] 미국 인디애나주 주 의회에서 우생단종법이 통과된 것은 1907년의 일입니다. 그 후, 미국의 30개 이상의 주가 비슷한 법을 제정했습니다. 이러한 법률이 제정되면서 범죄자, 지적장애인, 뇌전증 환자, 강간범, 알코올중독자, 마약중독자, 매독 환자, 성도착증 환자 등에게는 강제적으로 단종, 즉 아이를 낳을 수 없게 하는 불임수술을 할 수 있게 되었습니다.

일본에서도 1940년에는 국민우생법이, 제2차 세계대전 후인 1948년에는 우생보호법이 제정되면서 강제적인 우생수술(불임수술)이 이루어졌습니다. 그 후 우생보호법은 1996년에야 폐지되었습니다.

우생학이 확산되면서 학자들은 지능검사에 주목하기 시작했습니다. 특히 지능검사로 지능지수(IQ)라는 수치를 산출해 낼 수 있게 되자 우생학에 기초한 연구를 하던 사람들이 이 검사를 이용하여 연구를 진행하게 되었습니다.

환경에 주목하는 심리학

한편 심리학에서는 유전이 아니라 환경이 모든 것을 결정짓는다는 의견이 주류를 이루게 됩니다. 그중 하나가 정신분석학입니다. 20세기에 접어들 무렵, 지그문트 프로이트가 정신분석학이라는 새로운 학문을 창시합니다. 인간에게는 무의식의 영역이 존재하며, 우리의 행동은 무의식에 지대한 영향을 받는다는 가정에서 출발하는 이론이지요.

그 후, 정신분석학이 발전하는 과정에서 정신은 무의식의 영역인 에스(es 또는 id), 의식적 주체인 자아(ego), 에스와 자아 사이의 내재화된 규범을 의미하는 초자아(superego)로 구성된다는 등 다양한 이론들이 나옵니다. 정신분석학에서는 유전적 요인이 아니라 어린아이들이 태어나면서부터 겪게 되는 부모-자녀 관계의 경험을 중시합니다. 유소년기에 겪은 문제가 무의식의 영역에 내재되어 있다가 성장한 후에 문제로 나타난다고 보는 것이지요. 이런 의미에서, 정신분석학은 유전적이 아니라 환경주의적인 이론이라고 말할 수 있습니다.

다른 하나는 행동주의심리학입니다. 미국의 행동주의심리학자 왓슨은 1912년에 컬럼비아대학교에서 한 강의와 초기 논문을 통해 행동주의라는 개념을 세상에 처음 알렸습니다.[123] 그는 그 이전에 심리학의 주류였던 내관주의심리학(의식적 경험을 스스로 관찰하여 보고하는 것)에서 탈피하여 동물을 연구할 때와 마찬가지로 관찰 가능한 행동만을 연구 대상으로 삼아야 한다고 주장했습니다.

행동주의도 그 후 다양한 이론으로 파생됩니다. 스키너의 급진적 행동주의는 관찰 가능한 행동뿐만 아니라 의식이나 인지에 대해서도 행동주의적인 연구가 가능함을 보여 주며, 이 이론은 정신분석학과 완벽히 대치되는 행동분석학이라는 학문으로 발전하게 됩니다. 하지만 기본적으로는 행동주의도 행동의 원인으로 유전이 아닌 환경을 더 중시합니다.

왓슨의 행동주의이론에서 말하는 성격이란 장기간에 걸친 실제 관찰에 의해 파악되는 여러 행동들의 총화입니다. 성격은 습관이 체계화된 결과이며, 태어나면서부터 기본값이 설정되는 것이 아닙니다. 태어났을 때는 개인차가 거의 없지만, 태어난 뒤 이런저런 경험을 통해 학습하는 과정을 거치면서 습관이 형성되는 것이지요. 그렇기 때문에 환경에 대한 대응 방식은 개개인마다 조금씩 다를 수밖에 없습니다. 그리고 그것이 긴 세월 축적되면서 성격 같은 개인차로 나타나는 것입니다.[124]

왓슨은 저서에서 다음과 같이 말했습니다. "나에게 12명의 건강한 아기와, 그 아기들을 키우기 위한 특수한 환경을 주어라. 그러면 난 그중 한 명을 임의로 선택하여 그의 재능, 취향, 버릇, 능력, 적성, 핏줄과 관계없이 내가 의도한 전문가(의사, 법률가, 예술가, 사장, 그리고 거지와 도둑까지 포함)로 키워 보이겠다."[125] 이 구절은 환경으로 모든 것을 통제할 수 있다는 심리학자의 오만함을 보여 주는 예시로 인용될 때가 있습니다. 하지만 당시 사회에 널리 퍼져 있었던 우생학을 생각한다면, 그 '당연함'에 대한 도전을 표현하는 구절로도 볼 수 있지 않을까요?

또다시 유전에 주목하다

20세기 후반이 되자, 행동주의에 기초한 심리학과 정신분석학의 개념이 전 세계적으로 확산되었습니다. 그리고 어린아이가 뜻대로 자라지 않는 것은 부적절한 부모의 양육방식 때문이라는 생각이 당연하게 받아들여지면서, 선천적 요인은 과소평가되었습니다.

1950년대 뉴욕에서 심리학자로 활동하던 토마스와 체스가 진행한 연구 프로젝트가 있습니다. 이 연구는 85가구 133명의 아이들을 대상으로 한 것입니다. 최초의 조사는 생후 3개월 미만일 때 이루어졌고, 그 후 그 아이들이 20살을 넘을 때까지 추적 조사를 실시했습니다. 이 연구 프로젝트는 아이들의 기질 패턴과 관련해 중요한 결과를 보여 주는데, 보고된 연구 결과는 기질의 패턴이 꼭 환경적 요인에 의해서만 형성되는 것은 아니라는 사실을 시사합니다.

어떤 부모 밑에서건 선천적으로 생활 리듬이 불규칙하고 자극에 강하게 반응하며 새로운 환경 변화에 적응하기까지 시간이 걸리는, 부모로서는 정말 키우기 힘든 기질을 가진 아이가 일정한 확률로 태어납니다. 첫 아이부터 키우기 힘든 아이가 나올 수도 있고, 첫째는 키우기 쉬웠는데 둘째가 키우기 힘든 아이일 수도 있습니다. 이러한 아이가 태어날 확률은 대략 10%라고 합니다. 그리고 연구에 의하면, 이 키우기 힘든 기질이란 것이 판명되기 전에 아이를 키웠던 부모들에게서는 특징적인 양육방식이나 아이에 대한 대응법이 전혀 관찰되지 않았습니다.

당시 키우기 힘든 기질을 가진 아이를 낳은 부모는 '아이의 문제는 부모가 어떻게 양육하느냐에 달렸다'라는 정신분석학적 사상을 믿고 있었습니다. 자신의 아이가 키우기 힘든 아이라는 사실을 직면했을 때, 부모들은 자신의 양육방식에 문제가 있었기 때문이라는 생각에 큰 스트레스를 받았다고 합니다. 하지만 연구 결과는 부모의 양육방식이 키우기 힘든 기질을 가진 아이를 만들어 낸다는 것과 거리가 멀었습니다. '이렇게 키우니까 이렇게 되더라'가 아니라, 오히려 아이의 상태와 특성에 맞추는 식으로 아이를 양육해야 한다고 말합니다.

이렇듯 대세는 성격이 환경에 의해서만 결정되는 것은 아니라는 방향으로 조금씩 옮겨 가고 있습니다.

20세기 중반이 되면서 행동유전학이라 불리는 학문의 영역이 조금씩 발전하게 됩니다. 행동유전학은 행동에 대해 다룬 심리학과 유전에 대해 다룬 유전학 사이의 학제적인 영역에서 생겨나 발전된 학문입니다.[126]

2. 성격 특성은 연속적인 것이다

유전되는 성격 특성

행동유전학의 연구 결과가 조금씩 쌓이면서 우리 사회에서는 '지능의 몇 %는 유전에 의해 결정된다', '성격의 몇 %는 유전 때문이다'라는 말이 확산되기 시작했습니다. TV 뉴스나 인터넷 기사 등에서 다들 많이 보셨으리라 생각합니다. 하지만 행동유전학 연구 결과를 이해하려면 알아 두어야 할 기초적인 사실이 몇 가지 있습니다.

일단 전제가 되는 것은 '서론'에서 언급했듯이, 대부분의 심리적 특징은 '있다', '없다'로 구분되지 않고 연속적으로 표현된다는 점입니다. 단순히 '외향적' 혹은 '내향적'이라 말하기 힘들 만큼, 세상에는 극도로 외향적인 사람부터 극도로 내향적인 사람까지 매우 다양한 사람이 존재합니다. 그리고 대부분의 사람들은 극도로 외향적이지도, 극도로 내향적이지도 않고 그 중간 즈음에 위치하지요.

그리고 이러한 현상은 하나의 유전자가 하나의 심리 특성을 결정한다는 개념으로는 설명이 불가능합니다. 하나의 연속적인 심리 특성에는 수많은 유전자가 영향을 미치고 있다고 보기 때문입니다. 외향적 성격이 형성되도록 영향을 주는 유전자는 매우 다양하며, 그 유전자를 많이 가진 사람일수록 훨씬 더 외향적입니다. 이를 '폴리진 유전'이라 부릅니다.

참고로 연속적인 양을 나타내는 대표적인 수치로 키(신장)가 있는데, 21세기에 접어들면서 키 유전자를 특정하려는 시도가 이루어지기 시작했습니다.[127] 초기 연구에서는 키와 관련된 40개의 유전자가 발견되었는데, 이를 모두 합해도 키가 차이 나는 이유의 5%밖에 설명할 수 없었습니다. 그 후, 키에 영향을 주는 유전자가 하나둘씩 발견되었습니다.

2018년에는 70만 명의 데이터를 통해 3,300개의 유전자를 발견하게 됩니다. 하지만 여전히 키 차이가 나는 이유의 25%밖에 설명할 수 없었습니다. 그 후 키와 관련이 있을 가능성이 있는 1만 개가량의 유전자가 발견되었는데, 역시 사람마다 키 차이가 발생하는 이유의 40% 정도밖에 설명할 수 없었습니다. 이처럼 키에 미치는 유전자 하나하나의 영향력은 매우 작으며, 수많은 유전자가 키에 관여하기 때문에 키의 유전 상태가 성립하는 것입니다.

이렇게 많은 유전자가 키와 관련이 있는데, 애초에 유전자 하나하나는 '큰 키와 작은 키'를 결정짓는 역할만 하지 않습니다.

어디까지나 가상의 예인데, 어떠한 유전자를 갖고 있으면 다리의 대퇴골이 아주 살짝 길어진다고 합시다. 그러면 그 유전자의 유무가 '키'에 영향을 주게 되겠지요. 대퇴골의 길이는 키에 포함될 테니까요. 하지만 동시에 그 유전자가 있으면 대퇴골이 길어지므로 대퇴골의 무게가 증가할 테고, 결과적으로 '체중 증가'에도 영향을 미칠 것입니다.

또 다른 관점에서 보면, 대퇴골이 길어진다는 것은 다리가 길어진다는 뜻이므로 '발이 빠른 것'에도 영향을 줍니다. 게다가 다리가 길기 때문에 '예쁜 몸매'에도 영향을 줄 것입니다. 한편으로 이 유전자는 '농구에 유리'하거나 '배구에 유리'하도록 영향을 미칠 수도 있겠지요. 이처럼 어떠한 유전자는 무언가 한 가지에만 영향을 주지 않습니다. 그 유전자를 어떻게 해석할지는 우리의 관점에 달려 있습니다.

이 개념은 심리학적 특성에도 응용할 수 있습니다. 예를 들어, 지능이라는 개념을 생각했을 때 단순하게 '지능지수가 높을수록 좋다'고 생각하기 쉽습니다. 여기서 앞서 든 가상의 유전자처럼 '어떤 관점에서 그렇게 말할 수 있나'를 생각해 볼 필요가 있습니다. 지능지수가 높은 사람은 낮은 사람에 비해 학업성적이 뛰어나고,[128] 중년기의 신체적 건강 상태도 양호한 경향이 있으며,[129] 심지어 미래의 사망률이 낮을 가능성이 있습니다.[130]

하지만 지능지수는 어두운 성격과 거의 관련이 없습니다.[131] 빅파이브 성격과의 관계에서는 개방성과 양의 상관관계를 보이지만, 다른 상관관계는 매우 낮은 수치를 보입니다.[132] 지능지수가 높은 것은 인생의 행복이나 만족감, 자기긍정감과 그다지 관련이 없는 듯합니다. '지능은 높을수록 좋다'는 생각이 어떤 관점에서 비롯되었는지를 생각해 볼 필요가 있겠지요.

이는 어두운 성격도 마찬가지입니다. 어떤 관점에서 '어두운 성격은 바람직하지 않다'고 말할 수 있을지 생각해 보는 것이 중요합니다.

과연 자녀에게 얼마나 유전될까?

행동유전학의 결과를 듣고 나면 '지능이나 성격의 몇 %는 부모에게서 유전된다'라고 생각할 수 있습니다. 하지만 이것은 그리 단순한 문제가 아닙니다.

행동유전학 연구 결과에서 말하는 '유전율'은 관찰 대상자들 사이에서 어떠한 특성이 들쭉날쭉 차이를 보이는 것에 유전의 영향력이 어느 정도인지를 보여 주는 수치입니다.

다시 한번 키를 예로 들어 볼까요?

키의 유전율은 '80%' 정도라고 합니다. 이 말을 들으면 대부분의 사람들은 '부모의 키가 아이에게 80% 유전된다'라든가 '부모와 자녀의 키가 비슷할 확률은 80%다'와 같이 잘못 해석하기 쉽습니다. 아마 실제로도 그렇게 생각하는 사람이 많을 것입니다.

부모와 자녀의 키는 굳이 유전적 관련성을 언급할 필요도 없습니다. 실제로 부모의 키와 자녀의 키를 측정하여 얼마나 깊은 관계가 있는지를 검토해 보면 되니까요. 실제로 8~9세 아이들과 부모의 키를 400쌍 이상 모아 검토한 연구가 있습니다.[133]

제 5 장 어두운 성격은 유전되는가

그 결과에 따르면, 부모의 키와 자녀의 키 사이의 상관계수는 0.47이었습니다. 이 수치를 제곱한 것이 설명률입니다. 실제로 제곱을 해 보면 0.22가 나옵니다. 이는 '부모의 키를 알면 자녀의 키 중 약 22%를 설명할 수 있다'는 것을 의미합니다. '키는 80%가 유전으로 결정된다'는 말과 수치적으로 너무 큰 오차가 존재하는 것 같지 않나요?

논문에 보고된 숫자를 응용하면 다음과 같습니다.

아빠의 키가 170cm이고 엄마의 키가 158cm라고 해 봅시다. 이 키는 성인 일본인의 평균신장입니다. 이 부부에게서 딸이 태어났고, 그 딸이 성인이 되었다고 합시다. 그러면 그 딸의 키는 158cm를 중심으로 대략 148~168cm 정도의 오차 범위를 가질 가능성이 있습니다. 그리고 확률은 낮지만 그보다 더 크거나 작을 수도 있습니다.

실제로 저와 아내 사이에서 태어난 큰아들은 이 연구에서 예측한 키의 범위에서 아득히 벗어나 키가 매우 큽니다. 부모의 키를 보면 22% 예측할 수 있다는 것은 이 정도로 오차범위가 넓음을 의미합니다.

그렇다면 '키의 80%는 유전으로 결정된다'는 것은 무슨 뜻일까요? 우선 부모가 자녀에게 물려주는 것은 '키'가 아니라 '유전자'입니다. 그리고 앞서 설명했듯이, 키에 영향을 줄 가능성이 있는 유전자는 약 1만 개나 된다고 합니다. 하지만 아빠와 엄마에게서 이 1만

개의 유전자를 모두 물려받는 것은 아닙니다. 자녀들은 아빠에게서 절반, 엄마에게서 절반의 유전자를 물려받지요. 부모의 유전자를 절반씩 나누어 받지 않으면 자녀의 유전자가 부모의 두 배가 되어 버릴 테니까요. 그러면 여러 세대를 거치는 동안 세포가 파열되고 말 것입니다.

다만 어떤 유전자가 자녀에게 유전될지는 쉽게 예측할 수 없습니다. 태어나고 보니 키 성장을 돕는 유전자가 적을 수도 있고, 반대로 아주 많을 수도 있습니다. 아빠가 만들어 내는 수많은 정자와 엄마가 만들어 내는 수많은 난자 중 어떤 것이 만나 수정하느냐에 따라, 유전적인 키의 편차가 심할 가능성이 있다는 것이지요.

만약 똑같은 부모 밑에서 동일한 성별의 아이가 20~30명 정도 태어난다면 아이들의 키는 어느 지점을 중심으로 하여 정규분포를 그리듯 좌우 대칭적으로 분포할 것입니다. 물론 부모가 둘 다 장신이라면 평균적으로 자녀의 키도 크리라 기대할 수 있습니다. 하지만 그것은 어디까지나 확률의 문제이지 확실한 예측은 아닙니다.

집단과 개별 사례

지능과 성격 특성은 둘 다 부모와 자녀 간의 상관계수가 키에 비해 훨씬 작습니다. 예를 들어, 부모와 자녀 간 지능지수의 상관계수는 약 0.3으로 부모와 자녀 간 키의 상관계수보다 작습니다.[134] 성격 특성은 아마 지능보다 더 작은 수치를 보일 것입니다. 이렇게 생각하니, 물론 어림짐작하는 것보다는 나은 예측을 할 수 있고 규모가 큰 집단 내에서 확률의 편중을 고려하는 것은 의미가 있지만, '부모가 똑똑하니까' 또는 '부모가 이런 성격이니까'라는 이유로 어떤 한 아이에 대한 추측을 내놓는 것은 별로 바람직하지 못합니다.

제가 자주 드는 예인데, 복권을 예로 들어 설명해 보겠습니다.

일본에서 발행되는 서머 점보 복권이나 연말 점보 복권은 2,000만 분의 1의 확률로 1등 당첨자가 나옵니다. 이는 복권에 쓰인 '조'와 '번호'로 확인하지요. 2,000만 분의 1은 말도 안 되게 낮은 확률입니다. 이렇게 당첨 확률이 낮은 데에 돈을 쓰는 것은 확률적으로 생각했을 때 매우 어리석은 행위이지요. 아마 잘은 몰라도 제가 내일 출근하다 교통사고를 당할 확률이 그보다 훨씬 높지 않을까요?

하지만 매년 연말 점보 복권의 1등 당첨자는 20명 정도 나옵니다. 이는 그만큼 2,000만 장 세트(유닛)나 준비해서 팔기 때문입니다. 적게 어림잡아도 매년 수십 명이 연말 점보 복권과 서머 점보 복권 1등에 당첨된다는 것이지요. 이렇게 말하고 보니, 복권이 누구나 쉽게 당첨될 수 있는 것처럼 느껴지네요.

모든 사안을 확률적으로 계산해 판단하는 것과 개별 사례로 사안을 판단하는 것의 차이를 여기서 알 수 있습니다. 복권은 확률적으로 생각하면 당첨될 확률이 매우 낮지만, 개별 사례를 보면 그렇지 않은 것이지요. 심지어 점보 복권 말고 다른 복권도 많이 팔리고 있기 때문에 그만큼 매년 당첨자도 나올 테니 '내 지인이 당첨됐다'라든가 '사촌이 당첨됐다'는 이야기를 듣게 된다 해도 전혀 놀라울 것이 없습니다.

이 예는 확률적인 문제는 확률적인 문제로, 개별 사례의 문제는 개별 사례의 문제로 논의해야 한다는 점을 보여 줍니다. 이것은 시점을 어디에 둘 것이냐의 문제이기도 합니다. 정치인이나 대기업 총수가 위에서 내려다보며 규모가 큰 집단의 문제를 판단할 때는 확률적으로 생각하는 것이 맞습니다. 하지만 자신의 아이나 눈앞에 있는 사람에 대해 판단할 때는, 확률적인 생각만으로는 판단이 힘들다는 점을 알아야 합니다. 왜냐하면 눈앞에 있는 사람이 복권에 당첨된 사람일지도 모르기 때문입니다.

유전 때문이냐 환경 때문이냐를 논할 때도 이 관점이 중요합니다. 유전율이나 환경의 영향력 모두 거기서 말한 수치는 어디까지나 '평균치'이므로, '네가 어떤지' 또는 '내가 어떤지'를 생각할 때 그대로 들어맞는다고는 볼 수 없기 때문이지요.

3. 환경이 성격에 미치는 영향

환경이라고 하면 무엇이 떠오르는가?

지금까지는 유전에 관한 이야기를 했는데, 성격이 유전만으로 결정되는 것은 당연히 아닙니다. 유전적 요인에 환경적 영향이 더해지는 것이지요.

뭉뚱그려 '환경'이라고 말하지만, 인생을 살다 보면 우리는 다양한 환경을 계속해서 마주하게 됩니다. 이것도 앞서 설명한 유전자와 비슷하게 생각해 보면 어떨까요? 예를 들어, 한 초등학생이 어느 날 지금껏 한 번도 말을 섞어 본 적 없는 같은 반 친구와 처음으로 대화를 했다고 해 봅시다. 이날 이러한 일을 경험한 '환경' 그 자체가 우리의 지능과 외향성, 어두운 성격에 결정적인 영향을 미칠까요? 아마 그렇지는 않겠지요. 하지만 어쩌면 그 경험이 외향성을 아주 조금, 티도 나지 않을 만큼이라 해도 아주 조금은 키워 줄지도 모릅니다. 이러한 경험을 매일 반복하다 보면 조금씩 외향적인 성격으로 변하게 될지도 모르지요.

똑같이 '환경'이라는 표현을 쓰지만 가끔 서로 다른 이야기를 하는 것처럼 느껴질 때가 있는 건, 사람마다 떠올리는 이미지가 많이 다르기 때문이 아닐까 싶습니다. '환경'은 미시적으로 바라볼 수도 있고, 거시적으로 바라볼 수도 있습니다. '언제 어디에 있는가'를 환경이라 볼 수도 있고, '아이를 엄격하게 키운다'와 같이 수년 혹은 수십 년에 걸쳐 계속되는 것을 '환경'이라 볼 수도 있는 것이지요.

하지만 시간과 장소를 불문하고 비교적 안정된 심리적 특징에 영향을 미치는 '환경'은 임팩트와 계속성이라는 두 가지 측면을 상정할 필요가 있습니다. 전학, 졸업과 취직, 해외 유학, 이직, 결혼과 이혼, 출산, 은퇴 등 인생의 굵직굵직한 사건들은 성격을 변화시킬 가능성이 있습니다.[135] 인생에서 이러한 중요한 사건들은 생활환경을 크게 변화시킬 만한 강한 임팩트를 가집니다. 그리고 그 변화가 비교적 장기간 지속될 가능성도 크지요.

성격 같은 심리적 특징은 한두 번의 수업이나 세미나로 영속적인 변화를 기대하긴 힘듭니다. 그것이 계기가 되어 생활 그 자체에 큰 변화가 나타나야 심리적 측면에서도 변화를 기대할 수 있습니다.

대학생들을 대상으로 15주 동안 특정한 성격 특성이 변화하도록 생활습관을 서서히 바꾸는 실험을 실시한 적이 있습니다.[136] 처음에는 초면인 사람과 웃으며 인사하는 단계부터 시작하여, 서서히 행동의 강도를 높여 갑니다. 점차 지인과 함께 식사하거나 파티에 참석하여 낯선 사람과도 대화를 나누는 단계로 들어서게 되고, 마지막에는 많은 사람이 모이는 행사를 기획하거나 자신과 같은 취미를 가진 사람들을 모으는 행사를 기획하는 단계에 이릅니다.

매주 목표를 정해 하나씩 달성함으로써 외향적인 행동을 늘려 나가는 것입니다. 그러면 주어진 과제를 열심히 한 학생들은 실제로 외향성 점수가 오를 가능성이 있습니다. 마치 식습관을 바꾸고 운동 습관을 들임으로써 신체적 건강이 개선되는 것과 비슷하지요.

그림 ②를 보면 알 수 있듯이, A씨는 유전적으로 외향적인 편이고 B씨는 유전적으로 내향적인 편입니다. 여기에 환경이 영향을 미칩니다. 두 사람이 자라는 과정에서 접하게 되는 환경이 크게 다르면 A씨와 B씨의 외향성 정도가 훗날 역전될 수도 있다는 뜻입니다. 이는 유전적으로 어느 정도 결정되지만 식습관이나 운동 습관에 의해 변하기도 하는 체중을 떠올리면 이해가 쉬울 것입니다.

다만 이 문제는 그리 단순하지 않습니다. '환경'이란 것이 본인의 특징과 무관하게 외부로부터 주어지는 것들만 해당되진 않기 때문입니다. 사람들은 누구나 자신이 편안함을 느끼는 곳을 찾아 이동합니다. 자신이 잘 맞는다고 생각하는 곳에서 계속 살려고 하고, 여긴 아니다 싶으면 다른 곳으로 떠납니다. 이는 자신의 유전 상태에 맞는 환경을 스스로 선택한다는 의미이기도 합니다. 즉, 유전과 환경은 별개가 아니고 자신이 가진 유전적 특징에 의해 환경을 선택할 수도 있다는 것이지요.

나아가 환경이 갖추어지면 지금껏 겉으로 드러나지 않았던 유전적 특징이 발현될 가능성도 있습니다. 실제로는 수영을 배웠을 때 다른 사람들보다 빠른 속도로 습득할 수 있는 유전적 소질을 갖고

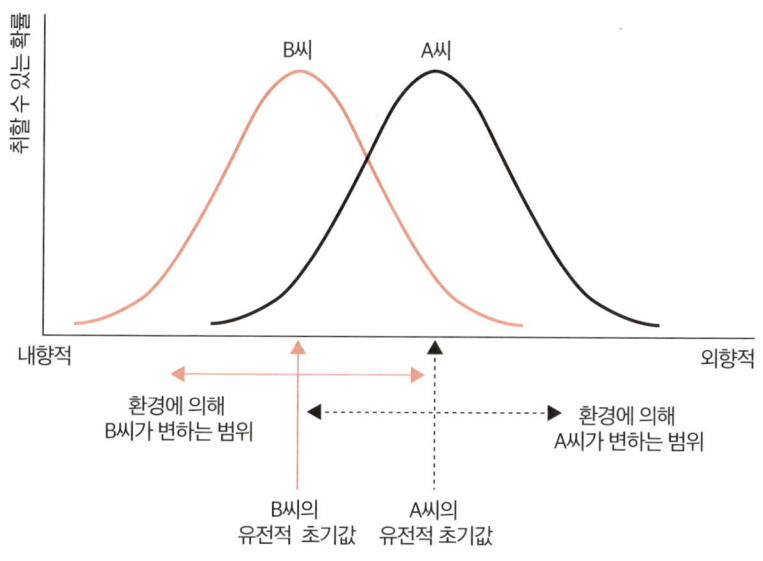

그림 ② **유전과 환경의 조합**[137]

있는데, 배울 기회를 놓쳐 버리면 그 소질이 꽃을 피울 수 없겠지요. 여기에는 시대나 문화, 지역 등 수많은 요인이 얽혀 있습니다.

　가령 어떠한 사람이 어떠한 운동을 하는 데에 유리한 유전적 소질을 가졌지만, 현재 그 지역에서 그 운동이 거의 보급되지 않은 상태라 비슷한 다른 운동을 하는데 그 운동도 얼추 잘하는 경우가 있습니다. 이렇게 실제로 그 사람에게 딱 맞는 운동은 따로 있는데, 시대적·문화적·지역적 요인 때문에 원래 발현되었어야 할 본래의 능력을 발휘하지 못하는 상황이 있을지도 모릅니다.

단, 아마 대부분은 보통 이러한 상태를 몇 번이나 반복할 것입니다. 타고난 소질을 꽃피울 기회를 만날 수 있다면, 그건 정말 운이 좋은 것이겠지요. 하지만 그럼에도 주어진 환경에 맞추어 열심히 인생을 살아가는 것도 우리의 진짜 모습 중 하나가 아닐까요?

쌍둥이 연구를 통해 알 수 있는 것

행동유전학 연구는 쌍둥이의 유사성을 분석 대상으로 삼습니다.

쌍둥이에는 일란성 쌍둥이와 이란성 쌍둥이가 있습니다. 일란성 쌍둥이는 원래 하나의 수정란이 둘로 쪼개진 뒤 성장한 것이므로 유전 정보가 완전히 동일합니다. 그에 반해, 이란성 쌍둥이는 두 개의 난자가 각각 다른 정자와 수정해 성장한 것이므로 유전자 일치율이 50%입니다.

즉 아빠한테서 절반의 유전자를 받고 엄마한테서 절반의 유전자를 받으므로, 이란성 쌍둥이의 세포핵 속에 있는 염색체 중 어느 한 부분에 위치하는 유전자가 일치하느냐 일치하지 않느냐의 확률은 반반이라는 것이지요. 또한 아빠와 아이, 엄마와 아이, 자기와 나이 차이가 많이 나는 형제자매도 유전자 일치율은 50%입니다. 이란성 쌍둥이란 동시에 태어났을 뿐인 형제자매인 셈입니다. 그러니 성별이 다를 수 있습니다.

일란성 쌍둥이는 키, 체중, 학습력, 지능지수, 외향성, 자존감, 심지어 어두운 성격 점수까지 거의 모든 지표가 이란성 쌍둥이보다 유사하게 나타납니다. 일란성 쌍둥이가 이란성 쌍둥이보다 심리적 특징이 훨씬 비슷하다는 것이지요.

하지만 일란성 쌍둥이의 유사성과 이란성 쌍둥이의 유사성의 차는 측정 지표에 따라 다릅니다. 일란성 쌍둥이는 아주 비슷한데 이란성 쌍둥이는 별로 비슷하지 않은 지표라든가, 일란성 쌍둥이가 비슷하긴 하지만 이란성 쌍둥이도 별반 다르지 않은 지표라든가, 지능이나 학습력, 성격 등 분석 대상이 되는 지표에 따라 다양한 경우가 존재합니다.

이러한 차이가 나타나는 이유는 유전과 환경이 미치는 영향력에 차이가 있기 때문입니다. 예를 들어, 유전적 영향이 거의 대부분인 지표의 경우에는 유전자의 유사성만이 형제자매의 유사성에 영향을 주고 반영되므로, 일란성 쌍둥이의 유사성은 거의 100%이고 이란성 쌍둥이의 유사성은 약 50%입니다.

또 일란성 쌍둥이의 유사성과 이란성 쌍둥이의 유사성에 별반 차이가 없다면 가정환경의 영향이 클 가능성이 있습니다. 일란성 쌍둥이이든 이란성 쌍둥이이든 한집에서 자랐다면 가정환경은 동일합니다. 만약 그 지표가 유전자의 영향보다는 한집에서 자라는 것에 큰 영향을 받는다면, 일란성이든 이란성이든 형제자매가 동일한 가정에서 자란다는 조건은 동일하므로 일란성과 이란성의 유사성은 크게 다르지 않을 것입니다. 이처럼 쌍둥이끼리 비슷해지도록 영향을 주는 환경적 요인을 공유환경이라고 합니다.

그리고 일란성 쌍둥이의 유사성이 100%가 아니고, 이란성 쌍둥이의 유사성이 50%에 못 미치는 경우도 종종 있습니다. 이러한 경우에는 쌍둥이들에게 별개의 환경적 요인이 영향을 주었을 가능성이 있습니다. 일란성 쌍둥이이든 이란성 쌍둥이이든, 쌍둥이가 서로 닮지 않도록 영향을 주는 환경적 요인을 비공유환경이라 합니다.

이러한 가정을 고려하여, 일란성 쌍둥이와 이란성 쌍둥이에게서 얻은 데이터를 통계적으로 분석합니다. 그렇게 해서 유전의 영향력과 환경(공유환경과 비공유환경)의 영향력을 추정하는 것입니다. '지능의 유전률은 몇 %다'라는 수치는 이런 식으로 추정한 수치입니다.

어두운 성격의 유전율

서론이 조금 길었지요? 어두운 성격의 유전율은 어느 정도라고 보고되었을까요? 캐나다의 심리학자 버논이 실시한 연구가 있습니다.[138] 대상자는 75쌍의 일란성 쌍둥이와 성별이 같은 64쌍의 이란성 쌍둥이이며, 연령의 범위는 17세부터 92세까지 매우 넓고 평균연령은 41세였습니다.

측정된 어둠의 3요소와 관련하여, 일란성 쌍둥이와의 연관성과 이란성 쌍둥이와의 상관계수를 살펴볼까요? 상관계수는 −1.0부터

+1.0까지 있으며, 완전히 일치하는 관계일 때는 +1.0, 완전히 불일치하는 관계일 때는 0.0, 완전히 역방향의 관계일 때는 −1.0입니다.

나르시시즘   일란성 0.52, 이란성 0.33
마키아벨리즘 일란성 0.68, 이란성 0.57
사이코패시   일란성 0.54, 이란성 0.44

이 수치를 보면, 어둠의 3요소를 구성하는 세 가지 성격 특성 모두 이란성 쌍둥이보다 일란성 쌍둥이일 때 상관계수가 더 크고 서로 유사하다는 점을 알 수 있습니다.

그다음에는 유전, 공유환경, 비공유환경의 영향력을 추정합니다.

나르시시즘   유전 0.59, 공유환경 0.0, 비공유환경 0.41
마키아벨리즘 유전 0.31, 공유환경 0.39, 비공유환경 0.30
사이코패시   유전 0.64, 공유환경 0.04, 비공유환경 0.32

이 수치들은 어두운 성격이 개인마다 다르게 나타나는 이유를 유전, 공유환경, 비공유환경으로 몇 %나 설명할 수 있는지를 나타냅니다. 예를 들어, 나르시시즘의 개인차는 유전으로 59%, 비공유환경으로 41% 설명 가능하다는 뜻이지요. 또 연구에서 다루어지는 표본의 크기(조사에 참가한 인원)도 크지 않기 때문에, 세세한 수치 차이는 크게 고려하지 않고 대략적인 수치로 생각하는 것이 좋을 듯합니다.

나르시시즘과 사이코패시는 유전 설명률이 60% 전후나 됩니다. 한편 마키아벨리즘은 유전율이 약 30%로 낮은 편입니다. 또 나르시시즘과 사이코패시의 개인차는 공유환경의 영향을 거의 받지 않는 데 반해, 마키아벨리즘은 공유환경의 영향을 받는다는 점도 특징적입니다.

참고로 빅파이브 성격이라 불리는 다섯 가지 성격 특성은 유전의 영향력이 약 40~60%, 비공유환경의 영향력도 약 40~60%이며, 공유환경의 영향력은 거의 0에 가깝다는 보고가 있습니다. 이렇게 본다면, 마키아벨리즘의 개인차에 대한 공유환경의 영향력은 특징적이라 할 수 있지요.

앞서도 설명했지만, 어두운 성격의 유전적 영향력이 30~60%라는 것은 부모의 어두운 성격이 아이에게 그대로 전달되는 비율을 의미하지 않습니다. 하지만 유전이 어두운 성격에 영향을 준다는 점은 분명합니다.

성장환경 때문에 차이가 나는 것일까?

어두운 성격 중 특히 마키아벨리즘의 개인차는 공유환경의 영향이 큽니다. 하지만 나르시시즘과 사이코패시는 공유환경의 영향이 거의 없다고 할 수 있습니다.

행동유전학에서의 공유환경이란 쌍둥이가 서로 비슷해지도록 영향을 주는 환경적 요인이며, 그 대표적인 예가 바로 가정환경입니다. 그런데 공유환경의 영향이 거의 없다는 것은 무엇을 의미할까요?

영향력이 없다는 것은 관련이 없는 상태라는 뜻입니다. 둘과 관련이 없다는 것은 한쪽 정보를 알게 되었다고 해서 다른 한쪽의 정보를 예측할 순 없음을 의미합니다. 어떤 사람이 국어 시험과 수학 시험을 쳤다고 해 봅시다. 만약 국어와 수학 점수 사이에 높은 양의 상관관계가 성립하려면 국어 점수가 높은 사람은 수학 점수도 높아야 합니다. 하지만 둘의 상관관계가 0에 가까운 경우에는 국어 점수를 안다고 해도 그것만 가지고 수학 점수를 예측하기란 거의 불가능합니다.

관련성과 인과관계는 다릅니다. 세상에 존재하는 관련성은 대부분 인과관계가 아니라고 해도 과언이 아닙니다. 설령 국어 시험과 수학 시험 사이에 관련성이 인정된다 하더라도, 수학 실력이 국어 실력에 영향을 주거나 국어 실력이 수학 실력에 영향을 주는 현상이 있을지 없을지는 알 수 없습니다. 물론 부분적으로는 영향을 줄 가능성도 있습니다. 예를 들어, 수학 시험 문제도 글로 표현되기 때문에 언어능력이 뛰어나면 수학 시험도 잘 볼 가능성이 있고, 수학적 사고력이 국어의 논리적인 사고력에 영향을 줄 가능성도 있겠지요.

하지만 공부시간, 사교육 여부, 학업에 대한 부모의 지원, 학교에서 배우는 내용 등 국어 시험 및 수학 시험 결과에 동시에 영향을 주는 요인을 찾으려면 얼마든지 찾을 수 있습니다. 국어와 수학에 영향을 주는 요인이 다수 존재한다면, 두 과목 사이에 인과관계가 없더라도 국어와 수학 점수는 동시에 오르내리는 경향이 나타날 것입니다.

다시 돌아가 볼까요? 나르시시즘과 사이코패시의 경우 공유환경의 영향이 거의 없다는 것은 부모의 특정 양육태도나 가정환경 등 쌍둥이가 비슷해지도록 만드는 요인과 관련하여, '이런 요인이 있으면 이렇게 된다'라는 법칙이 거의 성립하지 않음을 의미합니다. 가령 '오냐오냐하며 키워서 나르시시즘이 심할 거야'라든가 '방임하여 키워서 사이코패시가 심할 거야'와 같이 '이러한 요인이 있으니까 이렇게 된다'라고 우리가 무심코 생각하게 되는 '법칙'이 성립하지 않을 가능성이 높다는 것입니다.

하지만 육아와 관련해서는 무언가 공통점이 있을 가능성도 있다는 보고가 있습니다. 요나손이 진행한 연구에 의하면,[139] 애정이 별로 없거나 차가운 등 부모의 양육의 질이 좋지 않은 것과 어두운 성격은 관련이 있다고 합니다. 또 이란에서 실시한 다른 연구에서는 어두운 성격과 부모-자녀 관계의 질이 얼마나 관련이 있는지에 대한 검토가 이루어졌습니다.[140] 어두운 성격 중에서도 특히 마키아벨리즘 성향이 강한 사람은 부모-자녀 관계의 질이 좋지 않고, 갈등이 많으며, 애정이나 깊이가 없는 관계를 맺은 경향이 있다는 보고가 나온 바 있습니다.

이렇듯 쌍둥이 연구를 통해 가정환경이 마키아벨리즘의 형성에 영향을 준다는 점을 알 수 있었습니다. 이 부분과 관련해서는 냉담한 부모-자녀 관계와 애정 결핍 등 어떠한 형태로든 공통적 요인이 존재할 가능성이 있을지도 모르겠네요.

어두운 성격을 조장하는 예측불가능성

어두운 성격을 조장하는 환경으로 주목을 받고 있는 것이 바로 열악하고 예측불가능한 양육환경입니다.[141]

열악한 환경이란 예를 들어 나고 자라 온 지역이 빈곤하거나 사망률과 범죄발생률이 높은 것, 그 가정 자체가 가난하거나 지원이 부족한 것 등을 말합니다.

예측불가능한 환경의 예로는 가정 내 혼란과 어지러운 상황을 꼽을 수 있습니다. 가정 내에 늘 무언가 소동이 벌어져 어수선한 상황, 물건 하나 찾기가 어려울 정도로 집이 너저분하고 어질러져 있는 상황, 집인데도 느긋하고 여유롭게 쉬기가 어려운 상황, 조용한 대화가 불가능할 정도로 집 안이 소란스러운 상황 등이 혼돈으로 가득 찬 예측불가능한 환경의 예입니다. 연구 시 가정 내 혼란도를 측정하기 위해 던지는 질문 중에는 '우리 집은 마치 동물원 같다'라는 표현도 있습니다.

그리고 이렇게 열악하고 예측불가능한 환경 속에서 유소년기를 보내면 성인이 된 후 어두운 성격이 강하게 나타날 수 있습니다. 어두운 성격은 유전의 영향을 어느 정도 받습니다. 하지만 오로지 유전 때문만은 아닙니다. 여기서 포인트는 한 치 앞을 내다볼 수 없는 예측불가능성이라는 환경적 특징입니다.

인류의 긴 역사를 생각하면, 대부분의 시기는 상당히 예측불가능했습니다. 식량이 부족할 수도 있고 갑자기 다치는 경우도 있지요. 질병에 걸리거나 죽음을 맞닥뜨리게 되는 경우도 있을 것입니다. 현대 사회를 살아가는 우리는 '죽음'을 가까이서 경험할 일이 많이 없을지도 모릅니다. 그러나 시간을 조금만 거슬러 올라가도, 죽음이 우리의 삶과 매우 가까이 존재했음을 알 수 있습니다.

예를 들어, 오래된 묘지에 가 보면 비석에 고인의 이름과 나이가 새겨져 있는 것을 볼 수 있지요. 저희 본가 근처 묘지에만 가 봐도 1~3세에 사망한 사람들의 이름을 많이 볼 수 있었습니다. 현재 기준에서 본다면 '왜 이렇게 어린아이들이 많이 죽은 거지?'라는 의문이 들지도 모릅니다.

생후 1년 내에 사망하는 비율을 영아사망률이라 합니다. 인구동

향조사를 보면, 1920년 영아사망률은 1,000명 중 165.7명이었는데, 2020년이 되자 무려 1.8명으로 급감했습니다.[142] 전체 사망자 중 영아 사망이 차지하는 비율을 봐도, 1920년에는 23.6%였는데 2020년이 되자 0.1%까지 떨어졌습니다.[143] 아기가 죽는 것이 '당연'했던 시대였는데, 의료기술과 생활수준이 향상되면서 불과 100년 만에 '거의 죽지 않는' 수준으로 사망률이 감소했음을 알 수 있습니다.

예측불가능성으로 가득 차 있고 앞으로 무슨 일이 벌어질지 아무도 모르는 상황 속에서는 최대한 다른 사람보다 빠르게 많은 이익을 얻어 생존을 도모해야 하겠지요. 이러한 상황 속에서 자신을 유리한 위치에 두어 적응적인 결과를 남길 수 있는 것이 바로 어두운 성격입니다.

어두운 성격과 생활사 전략

책인가 기사인가 정확히 기억이 나진 않는데, 예전에 '(어류인) 개복치는 3억 개의 알을 낳지만, 그중 살아남는 것은 두 마리밖에 없다'는 내용을 본 적이 있습니다. 실제로 이 이야기는 100년도 더 전에 쓰인 논문에서 각색된 내용인데, 산란 수는 엄청난 데 반해 살아남은 개체 수는 얼마 되지 않는다는 점을 강조한 듯합니다.[144]

생물 중에는 개복치처럼 아주 많은 알이나 새끼를 낳은 뒤 그대로 방치한 채 양육을 거의 하지 않는 유형과, 알이나 새끼를 적게 낳아 성체가 될 때까지 정성을 다해 양육하는 유형이 있습니다. 인간은 아이를 적게 낳아 오랜 기간 정성스럽게 양육하는 후자에 해당합니다.

생물들의 경우, 제한된 환경 속에서 자원을 얼마나 많이 획득하고 얼마나 많은 자손을 남기느냐가 생존을 위한 열쇠가 됩니다. '한정된 자원을 성장이나 자기 보전, 번식 등 중요한 활동에 어떻게 배분하느냐'라는 전략의 관점에서 각각의 생물종과 개체 간 차이에 대해 생각해 보는 이론을 '생활사 이론'이라고 합니다.[145]

생활사 이론은 자원을 어떻게 배분할 것이냐라는 자원배분형 트레이드오프(trade-off)에 주목합니다. 그리고 '중요한 각각의 활동에 자원을 어떻게 배분하는가'라는 관점에서, r-전략과 K-전략이라는 두 가지 전략을 상정합니다. 이러한 패턴을 '생활사 전략'이라고 합니다.

단기적 전략이라 부르는 'r-전략'은 비교적 작은 생물이 많고, 성적 성숙이 빠르게 나타나며, 파트너와 자식의 수도 많고, 태어난 자식들에게 투자를 별로 하지 않는 경향이 있습니다. 반면에 장기적 전략이라 부르는 'K-전략'은 r-전략과는 반대로 비교적 큰 생물이 많고, 성적 성숙이 늦게 나타나며, 소수의 파트너와의 사이에서 자식을 적게 낳고, 자식들에게 많은 투자를 하면서 정성을 다해 키우는 경향을 보입니다.

이러한 두 가지 전략은 생물들에게 널리 적용할 수 있는데, 인간들 사이에도 편차가 존재하며 개개인마다 서로 다른 경향을 보입니다. 인간은 다른 생물에 비하면 눈에 띄게 느린 전략을 취합니다. 20세가 될 때까지 혹은 20세가 넘어서까지도 부모나 가족에게서 자원을 받아 생활하고 스스로 자원을 구하려 노력하지 않습니다. 하지만 개개인을 들여다보면, 많은 연인과 관계를 맺고 양육을 그다지 중요하게 생각하지 않는 r-전략자부터 자녀들에게 많은 자원을 투입하는 K-전략자까지, 비교적 느린 전략을 택하는 인간 종이라는 점은 같지만 그 안에서 개인차가 존재합니다.

생활사 전략의 개인차를 측정하는 심리 척도도 개발되었습니다.[146] 인간의 생애에서 생활사 전략에 관련된 특징을 뽑아 질문 항목으로 만든 것입니다. 그 내용에는 이타주의, 부모와의 관계, 계획성, 자기 통제, 가족이나 친구의 지원 등 다양한 영역이 들어가 있습니다.

그리고 생활사 전략을 측정하는 척도와 어두운 성격의 관련성에 대한 검토도 이루어졌습니다. 연구 결과, 어두운 성격 중에서도 사이코패시와 마키아벨리즘은 특히 r-전략, 즉 빠른 생활사 전략과 관련이 있다는 사실이 드러났습니다.[147]

어두운 성격의 형성은 냉담한 부모-자녀 관계와 예측불가능한 환경과 밀접한 관련이 있습니다. 전략을 취한다는 것은 부모의 불화나 빈곤 같은 열악하고 예측불가능한 환경 속에서 자라는 것과 관련이 있다고 합니다.

4. 내 안에 숨은 빌런

자기 안에 내재된 어두움을 발견한 뇌과학자

미국의 신경과학자 제임스 팰런 교수는 저서인 『사이코패스 뇌과학자』에서 자신의 뇌를 촬영한 이야기를 했습니다.[148]

그는 심신이 건강한 사람의 뇌와 범죄자 및 정신질환자의 뇌를 양전자단층촬영술(PET)로 촬영하여, 그 영상을 비교했습니다. 그중에서 명백한 사이코패스라 보이는, 사이코패시 경향이 강하고 실제로 사회적 문제를 일으킨 적이 있는 사람들의 뇌에서는 명확한 특징이 보였습니다.

제임스 팰런 교수는 그 영상이 누구의 것인지 모르는 상태에서 뇌 영상을 확인했습니다. 사전에 그 영상이 엽기적 살인을 저지른 범인의 것이라는 사실을 알면 판단이 왜곡될 우려가 있기 때문입니다. 사이코패스의 뇌 영상은 공감능력과 자기통제에 관여하는 전두엽부터 측두엽까지의 특정 영역에서 활성도가 낮다는 특징이 있다고 합니다.

그러던 어느 날, 그는 전형적인 사이코패스의 특징이 나타나는 뇌 영상을 하나 발견했습니다. 그래서 기록을 뒤져 그 영상이 누구의 것인지 알아보았지요. 그런데 세상에, 그것은 제임스 팰런 자신의 뇌 영상이었습니다. 그는 기기 고장을 의심했지만, 조사 결과 기기에는 아무런 이상이 없었습니다.

설마 사이코패스의 뇌를 연구하는 자신의 뇌가 사이코패스의 전형적인 특징을 갖고 있으리라고는 상상조차 하지 못한 그는 자신의 유전자를 검사했습니다. 그 결과 자신이 공격성과 폭력성, 낮은 공감능력 등과 같은 유전적 특징도 가지고 있다는 사실을 알게 됩니다. 하지만 그는 신경과학자이지 범죄자가 아니지요.

그런데 지금까지의 자신의 언행을 되돌아보니, 충동적이거나 공격적이었을 때도 있고 다른 사람들의 감정을 고려하지 않았던 것 같다는 생각이 들었습니다. 심지어 선조들 중에 가족을 죽인 살인자가 있었다는 사실까지 알게 되었지요. 제임스 팰런 교수는 사이코패시적 요소를 뚜렷하게 가진 사람입니다. 하지만 그는 일상 속에서 폭력을 행사하지도, 누군가를 모함하거나 멸시하지도 않습니다.

이 책에서 알 수 있는 분명한 사실은 그가 매우 엄격한 가정에서 사랑을 받으며 자랐다는 것입니다. 그는 결코 난잡하고 예측가능성이 낮으며 가난한, 그런 열악한 환경 속에서 자라지 않았습니다. 설령 사이코패시적 소인을 갖고 있다고 해도 유소년기의 경험, 가정환경, 양육환경에 따라 얼마든지 사회 속에서 잘 어울리며 인생을 살아갈 수도 있다는 뜻이지요.

게다가 그는 자기 안에 사이코패시적 요소가 존재한다는 사실을 알게 되자, 그것을 숨기지 않고 책으로 쓰면서 승화시켰습니다. 일단 자신이 어떤 사람인지 아는 것이 중요하며, 무엇을 할지 또는 무엇을 해야 할지는 의지력에 달린 듯합니다.

성격의 안정성

어두운 성격은 유전과 환경의 영향을 받아 형성됩니다. 그렇다면 이 성격은 성인이 되고 나면 더 이상 변하지 않을까요?

'성격은 몇 살에 완성되는가?'라는 논의는 오래전부터 자주 있었습니다. 보통 '성격은 몇 살에 결정되는가?'라는 소박한 질문을 많이들 하는데, 이에 관해서는 다양한 설이 있습니다.

하지만 여기서 중요한 것은 '완성되다'와 '결정되다'가 과연 무엇이냐 하는 문제입니다. 성격의 발달적 변화를 검토할 때는 연령에 따른 성격 점수의 '안정성'을 검토합니다. 이 안정성이 바로 흔히 말하는 '완성'이나 '결정'을 의미합니다. 단, '안정성'은 한 가지가 아닙니다.[149]

첫째, 평균의 안정성입니다. 폭넓은 연령 집단을 대상으로 데이터를 수집하거나 몇 년에 걸쳐 특정 집단을 대상으로 추적조사를 진행합니다. 어떠한 성격 특성과 관련하여 세로축에는 집단의 평균치를 넣고 가로축에는 연령을 넣어 그래프를 그리면 특정 연령까지는 평균치가 상승하거나 하락하거나 오르락내리락하는 모습을 보이는데, 특정 연령이 지나고 나면 그때부터는 오르락내리락하지 않고 평균치에 변화가 거의 없었다고 합니다. 이때 평균의 안정성이라는 관점에서 본 성격의 안정성이 관찰되었다고 할 수 있습니다.

둘째, 순위의 안정성입니다. 개개인을 보면 연령에 따라 특정 성격 특성의 점수가 상승하거나 하락합니다. 이것이 제각각 나타난다면 무슨 일이 벌어질까요? 바로 점수가 상위였던 사람이 하위로 떨어지거나, 하위였던 사람이 상위로 올라서는 등 순위가 요동치는 현상이 나타납니다. 순위의 안정성은 조사를 실시한 동일 집단에 대해 2회 이상 추적조사를 실시함으로써 확인할 수 있습니다. 첫 번째 조사와 두 번째 조사의 점수를 가지고 상관계수를 산출해 냅니다.

만약 상관계수가 플러스에다가 숫자도 크다면 순위 교체가 적음을 의미하며, 상관계수가 0에 가까울 정도로 작다면 순위가 크게 바뀐다는 사실을 의미합니다. 그리고 만약 어떠한 연령을 기준으로 그 전 단계에서는 2회에 걸친 조사에서 얻은 상관계수가 작고, 그 연령을 넘어가면 상관계수가 커지며, 그 이후의 세대에서는 그 수치가 거의 비슷하게 유지된다고 한다면 그 연령에서 순위의 안정성 관점에서 본 성격의 안정성이 관찰되었다고 볼 수 있습니다.

셋째, 구조의 안정성입니다. 어떠한 심리 특성과 그 외의 심리 특성의 관계가 연령에 따라 함께 변화해 가는 경우가 있습니다. 예를 들어, 젊었을 때는 두 개의 성격 특성이 명확히 구분되지 않고 혼재되어 있었는데 나이가 들자 그 두 가지가 의미적으로 분화하여 명확하게 두 개의 성격 특성으로 발전하는 경우를 생각해 볼 수 있겠지요. 이러한 경우, 젊은 층에서는 이것들의 상관계수가 크지만, 나이가 들어 가면서 점점 상관계수가 작아지는 양상이 관찰됩니다.

이와 비슷한 현상은 지금까지 설명하는 과정에서 몇 번인가 등장한, 여러 변수에 공통적으로 작용하는 요인을 발견하는 통계 기법인 요인분석으로도 찾아볼 수 있습니다. 어떠한 연령 단계까지는 요인분석을 실시했을 때 몇 안 되는 성격 인자만 발견되지만, 특정 연령을 넘어서고부터는 명확한 성격 인자가 여럿 발견된다는 것이 그 예입니다. 이러한 경우, 그 연령에서 구조적 관점에서 본 성격의 안정성이 관찰되었다고 할 수 있지요.

넷째, 개인의 안정성입니다. 지금껏 설명한 세 가지 안정성은 집단을 관찰했을 때 보이는 안정성을 의미합니다. 하지만 개개인을 들여다보면, 각 개인이 서로 다른 연령에서 성격의 안정성을 보일 가능성이 있습니다. 이는 갓난아기가 뒤집기를 할 수 있게 되는 것, 두 발로 설 수 있게 되는 것, 말을 하기 시작하는 것 등을 떠올려 보면 이해하기 쉬우리라 생각합니다.

아기들을 보면 뒤집기를 하려고 끙끙대는 시기가 꽤 길다는 것을 알 수 있습니다. 하지만 그러다 어느 날 갑자기 뒤집기에 성공하지요. 그러면 그 아기는 마치 요령을 파악했다는 듯이 그때부터 계속 뒤집기를 합니다. 보통 비슷한 시기에 뒤집기를 하는데, 구체적인 시기는 아기들마다 조금씩 다릅니다. 다른 아기들보다 조금 빨리 뒤집기에 성공한 아기가 있는가 하면, 계속 실패하는 아기도 있습니다. 집단 전체에서 본다면 '평균적으로 생후 몇 개월이면 뒤집기에 성공한다'라고 말할 수 있겠지만, 아기 한 명 한 명을 보면 저마다 뒤집는 시기가 서로 다르다는 것이지요.

성격의 안정성도 비슷합니다. 어떤 사람은 13세 이후에 안정되고, 어떤 사람은 20세, 어떤 사람은 40세에 안정되는 등 각 개인의 안정성 포인트가 존재할 가능성이 있는 것이지요.

마지막으로, 피험자 내 안정성이라 불리는 관점이 있습니다. 이것도 집단이 아닌 개인의 관점에서 안정성을 평가하는 방식입니다. 어둠의 4요소를 예로 들어 볼까요? 어떤 사람은 젊은 시절부터 어둠의 4요소의 네 가지 성격 특성 중 나르시시즘 성향이 강했습니다. 그런데 다양한 경험을 하면서 전체적으로 어두운 성격이 억제되었지요. 하지만 전체적으로 점수가 낮았다고는 하나 어둠의 4요소의 네 가지 성격 특성 중에서 비교해 보면 역시 이 사람은 나르시시즘이 비교적 높게 나타났습니다.

이처럼 개인 안에서 어떤 성향의 점수는 높고 어떤 성향의 점수는 낮은 그 관계성이 안정적으로 나타나는 경우가 있습니다. 이것이 피험자 내 안정성의 예입니다. 또 어떤 사람이 가진 여러 성격 특성의 점수 프로필(개인의 성격검사 점수를 그래프로 나타낸 것)을 그렸을 때, 시간이 경과하거나 전체적으로 점수가 오르락내리락해도 높은 부분은 높게 나타나고, 낮은 부분은 낮게 나타나는 식으로 비슷한 점수 프로필을 보인다면, 피험자 내 안정성이 관찰된다고 할 수 있습니다.

어두운 성격의 안정성

다양한 안정성과 관련하여, 빅파이브 성격에 대한 구체적인 검토가 이루어졌습니다. 예를 들어, 평균의 안정성에 관해서는 성인기 이후 연령이 증가함에 따라 신경성은 감소하고 성실성과 우호성은 상승하며 외향성과 개방성은 뚜렷한 변화를 보이지 않는 경향이 있다는 연구 결과가 있습니다.[150] 또 대략 비슷한 나이에 수반되는 평균치의 경향은 일본에서도 보고된 바 있습니다.[151]

한편 어두운 성격과 관련해서 이 다양한 안정성이 전부 검토되진 않았습니다. 그중에서도 일본에서 조사된 2,000명 규모와 4,000명 규모의 두 가지 데이터 세트를 사용하여 어둠의 3요소와 관련해 20~69세의 평균치 변화를 검토한 연구가 있습니다.[152] 어둠의

3요소를 측정하는 데에는 대표적 심리 척도인 SD3와 DTDD가 각각 사용되었습니다.

분석 결과, 마키아벨리즘과 나르시시즘은 연령이 증가할수록 평균치가 직선적으로 하락하는 경향을 보였습니다. 한편 사이코패시는 거꾸로 된 U자 곡선을 그리면서 평균치가 하락하는 양상이 나타났다고 합니다. 참고로 남녀를 비교했을 때, 나르시시즘은 연령에 따른 변화에서 남녀 간의 차가 뚜렷하게 나타나지 않았는데 마키아벨리즘과 사이코패시는 남성보다 여성이 연령에 따라 더 크게 감소하는 양상을 보였습니다. 단, 나르시시즘은 측정에 쓰이는 심리 척도에 따라 연령과의 관련성이 다르게 보고된 것도 있어, 결과 해석 시 주의가 필요합니다.

영어권에서 실시된 조사 결과를 가지고, 어둠의 3요소는 아니지만 그와 비슷한 어두운 성격으로 1장에서도 소개했던 'D인자'의 연령에 따른 평균의 안정성을 검토한 연구도 있습니다.[153] 결과를 보면, 20세부터 50대까지 D인자나 D인자의 구성요소와 관련해서도 연령과 함께 평균치가 직선을 그리며 감소하는 양상을 보였습니다.

아무래도 일본뿐 아니라 해외(영어권)에서도 어두운 성격은 성인기를 거치면서 평균치가 감소하는 경향이 있는 듯합니다. 실은 성인기에 사회에서 보다 바람직하다고 여겨지는 심리적 특성의 평균치는 상승하고, 바람직하지 않다고 여겨지는 심리적 특성의 평균치는 하락하는 현상이 보인다고 합니다. 예를 들어, 자신을 긍정적으로 인식하는 경향인 자존감도 전 생애 중 평균치가 가장 낮은 시기는 10대 후반인 고등학생 때이며, 평균치가 가장 높은 시기는 중년기 후반부터 그 이후인 60~70대 때입니다.[154]

우리가 살면서 성인기에 유리하게 작용할 심리 특성이나 성격 특성을 조금씩 익혀 나가는 것을 '성숙의 원칙'이라 부릅니다.[155] 사회 속에서 새로운 역할을 맡을 때마다 성격 특성이 조금씩 변화하는데, 그 덕분에 평균치가 전체적으로 바람직한 방향으로 변화해 가는 것이 아닐까 싶습니다.

예를 들어, 연애를 할 때 지금 만나는 연인을 오래 만나려면 자기중심적이거나 공감능력이 결여되어선 안 됩니다. 실제로 새로운 인간관계가 형성되면 성격도 변화한다고 합니다.[156] 마찬가지로 다른 학교로 전학을 간다거나, 학교를 졸업하고 직장에 취직한다거나, 결혼이나 이혼, 사별을 하는 등 인생의 굵직굵직한 사건들을 겪으면서 일정한 방향으로 성격 변화가 나타날 가능성이 있지요.

어두운 성격이 연령이 증가함에 따라 줄어드는 양상도 사람들이 인생을 살면서 점점 사회에 적응해 가는 성숙의 원칙을 보여 주고 있습니다. "젊었을 때랑 다르게 나이가 드니 사람이 훨씬 둥글둥글해졌네"라는 말이 비록 모두에게 해당되진 않겠지만, 이러한 현상은 일정 범위에서 볼 수 있습니다.

제 6 장

성격이 나쁘다는 것의 의미

1. 좋은 성격, 나쁜 성격

아마 마키아벨리즘, 나르시시즘, 사이코패시, 사디즘이란 단어를 들으면 '바람직하지 못하다', '비윤리적이다', '피곤할 것 같다', '사기를 칠 것 같다', '나쁘다' 등과 같은 다양한 이미지가 떠오를 것입니다.

그런데 이러한 나쁜 성격의 '나쁨'이란 대체 뭘까요? 6장에서는 이 부분을 좀 더 깊이 살펴보고자 합니다.

바람직한 심리 특성

미국의 작가 폴 터프는 자신의 저서인 『아이는 어떻게 성공하는가』에서 일리노이대학교의 성격심리학자 브렌트 로버츠와 관련된 일화를 소개했습니다.[157]

빅파이브 성격 중에서도 특히 성실성은 다른 특성들보다 사회생활을 할 때 '좋은 성격' 혹은 '바람직한 성격'으로 평가받습니다. 참고로 브렌트 로버츠는 성실성 연구 분야에서 세계적으로 유명한 학자입니다.

그런데 로버츠가 대학원을 수료하고 1990년대에 연구 주제를 정하려던 시기만 해도 성실성 연구를 해 보려는 연구자가 전 세계적으로 거의 없었다고 합니다. 대부분의 연구자가 성실성은 성격 특성 중에서도 '까다로운' 것이라고 생각했기 때문입니다. 성실성은 말 그대로 성실하며 규칙을 잘 지키고, 보수적이며 관리된 생활 패턴을 보이고, 종교색을 강하게 띠는 성격 특성입니다.

반면에 미지의 것을 받아들이고 독창적이며 호기심이 강하고 자유로운 사상으로도 이어지는 개방성은 '쿨한(멋있는)' 이미지가 있습니다. 성실성은 별로 '쿨하지 못하다'는 이미지가 있지요. 저는 1990년대 후반에 대학원을 다녔는데, 저 역시 그 당시에 빅파이브 성격에 대해서 알고는 있었지만 성실성에 관심을 갖고 연구를 해 봐야겠다는 생각은 하지 못했습니다.

그런 성실성의 꽉 막힌 듯한 이미지는 여러 연구 결과에 의해 바뀌게 됩니다.

수많은 연구 결과가 보고되면서, 빅파이브 성격을 구성하는 다섯 가지 성격 특성(외향성, 신경성, 개방성, 성실성, 우호성) 중에서 성실성만이 학업성적과 학력, 업무수행도, 장수와 관련이 있고, 음주·흡연·마약 등의 문제도 덜 일으킨다는 사실이 드러난 것이지요. 이러한 연구 결과가 보고될 때마다 연구자들은 성실성에 주목하게 되었고, 성실성은 점점 아주 중요한 성격 특성으로 인식되기 시작했습니다.

최근에는 지능검사와 학력시험으로는 측정할 수 없는 심리적 작용을 '비인지능력' 혹은 '비인지기술'이라 표현하기도 합니다. 많은 연구가 이루어지는 가운데, 성실성은 비인지능력 중에서도 중심적인 위치를 차지한다고 할 만큼 확고한 지위를 확립했습니다. 이는 사회 속에서 다양한 결과가 나오고, 사회적으로 '바람직한 결과'를 예측하는 연구 결과가 보고된 덕분입니다.

끝까지 해내는 힘, 그릿

21세기에 접어들면서 '바람직한 심리 특성'으로 확고한 지위를 구축한 심리 특성 중 하나가 바로 '끝까지 해내는 힘'이라고도 불리는 성격 특성인 그릿(Grit)입니다.[158]

그릿이라는 개념을 주창한 사람은 중국계 미국인 심리학자 앤절라 더크워스입니다. 더크워스는 옥스퍼드대학교에서 신경과학 석사학위를 취득한 후, 경영컨설턴트로 일하다 퇴직하고 수학 교사가 되었습니다. 교사로 일하면서 더크워스는 지능 이외의 심리적 특징에 관심을 가지게 되었다고 합니다.

그릿이란 장기적 목표에 대한 지속적인 열정과 끈기, 인내력을 말합니다. 그릿을 측정하는 심리 척도에는 수개월에 걸친 장기 계획에 집중하고 다른 것에 흥미를 갖지 않는 것 등을 특징으로 하는 '흥미의 일관성'과, 시련을 이겨 내기 위해 힘들어도 참고 견디거나 시작한 것은 끝장을 보고야 마는 '강한 끈기'라는 요소가 포함됩니다.[159]

그릿이라는 개념의 유용성을 검토하는 과정에서는 학업성적이 뛰어나고, 퇴학률이 낮으며, 스펠링 콘테스트에서 높은 순위까지 오른다는 것 등을 알 수 있었습니다.[160] 연구 결과, 그릿은 치열한 경쟁이 반복되는 환경 속에서 포기하지 않고 마지막까지 해냈을 때의 상태를 예측한다는 사실이 거듭 보고되었습니다. 게다가 지능검사를 통해 측정한 지능보다도 그릿이 성적을 더 정확히 예측한다는 사실도 드러났습니다.

현실적으로 실제 결과를 예측할 수 있다는 사실이 보고되자, 성격 특성은 단번에 그 가치를 인정받게 됩니다. 그릿과 관련된 논문을 읽어 보면 처음부터 그 점을 의도한 듯 보입니다.

자존감 만능론에 대한 비판

앞서 4장에서 설명한 자존감은 우리가 흔히 말하는 '자기긍정감'과 비슷한 의미를 가진 개념입니다. 주위에서 흔히 "자기긍정감을 높이자!"라는 말을 많이 하는데, 우리 사회는 자존감 역시 '바람직한 것'이라 여깁니다. 이는 매우 직관적인 판단입니다. 지금은 세상 사람들 대부분이 '스스로에게 자신감을 갖는 것은 좋은 일이다'라고 믿어 의심치 않고, 학교나 가정에서도 아이들의 자존감을 높이려고 부단히 노력합니다.

참고로 일본에서는 자기긍정감이나 자존감과 관련된 다양한 용어를 일본어로 표현할 때 각각 구별하려는 시도가 이루어지고 있는 것 같습니다. 하지만 연구를 진행하고 심리학 논문을 집필하는 입장에서 보면, '어떤 일본어가 어떤 영어와 대응되는가?'라는 점이 중요합니다.

자아존중감은 self-esteem, 자기효능감은 self-efficacy, 자기가치는 self-worth, 자기존중은 self-respect, 자기수용은 self-acceptance인 것처럼 학문의 세계에서 사용되는 용어들에 대응하는 영어 표현이 있습니다(단, 반드시 일대일로 대응하는 것은 아니며 조금씩 다른 용어도 있습니다). 한편 흔히 말하는 '자기긍정감'은 심리학에서 '이거다!' 싶을 만큼 정확히 일치하는 영어 표현이 없습니다.

자존감 신화라는 말을 들어 본 적이 있나요? 미국에서는 1990년대에 자존감이 높으면 '실생활에 도움이 된다', '정신 건강에 좋다', '학업 성적도 오른다', '교우 관계도 원만하다', '일도 잘한다', '폭력 문제가 줄어든다' 등과 같이 여러 가지 '바람직한 일'이 따라올 것이라 생각했습니다. 일본에서도 21세기에 접어들면서부터 이러한 움직임이 나타났습니다.

그러다 2003년에 미국의 저명한 사회심리학자 로이 바우마이스터가 발표한 리뷰 논문이 이 흐름에 찬물을 끼얹었습니다.[161] 예를 들어, 높은 자존감과 좋은 학업성적 사이에는 분명히 상관관계가 존재합니다. 하지만 앞서 설명했듯이, 상관관계가 존재한다는 것과 인과관계가 존재한다는 것은 별개의 문제입니다. 가령 키와 체중 사이에는 높은 상관관계가 존재하지만, 키의 원인이 체중이라든가 체중의 원인이 키라는 명확한 인과관계가 성립하는 것은 아니니까요.

그리고 자존감과 학업성적의 인과관계를 검토한 결과, 학업성적이 좋으니 자존감도 높아진다는 인과관계가 메인이고 자존감이 높으니 학업성적도 좋아진다는 인과관계는 거의 보이지 않는다는 사실이 지적되었습니다. 오히려 자존감을 높이면 성적이 떨어진다는 보고도 있다고 합니다.

폭력과 관련해서도, 높은 자존감이 폭력을 억제하는 요인이 된다고 보기엔 무리가 있습니다. 오히려 자존감이 높은데 불안정하면 상대에 대한 적개심이나 폭력으로 이어지기 쉽다는 지적조차 있습니다. 이 역시 높고 불안정한 자존감을 가진 나르시시스틱한 사람이 공격적인 특징을 가진다는 점과 통하는 부분이 있지요.

자존감과 양호한 인간관계는 서로 영향을 주고받는 사이라는 사실이 보고된 바 있습니다.[162] 따뜻한 관계, 친밀한 관계, 만족스러운 관계, 넓은 인맥 등과 관련해서는 높은 자존감이 양호한 관계에 주는 영향과 양호한 관계가 높은 자존감에 주는 영향이 모두 다 보고되었습니다. 단, 그 영향력은 매우 작습니다. 자존감을 높인다고 누구든 인간관계가 좋아지는 것은 아니란 뜻이지요.

물론 이러한 연구 결과가 '자존감과 자기긍정감은 불필요하다'를 의미하는 것은 아니므로 주의하시길 바랍니다. 자신을 긍정적으로 인식하는 것은 자신을 비하하고 혐오하는 상태에 비하면 분명히 정신적으로 안정되고 안심할 수 있는 상태입니다. 하지만 사고방식을 바꾸어서라도 어떻게든 자존감을 높이려 하는 사람들이 있는데, 설사 그렇게 해서 자존감이 높아졌다 하더라도 그것 때문에 인생이 술술 풀리는 것은 아니라는 점을 알아야 합니다.

자존감만 키우기는 어렵다

미국의 심리학자 진 트웬지와 키스 캠벨은 미국 내에서 육아나 교육 시 자존감을 키워 주려는 시도가 이루어졌고, 그 결과 최근 들어 실제로 자존감의 평균치가 높아졌다고 말했습니다.[163] 하지만 동시에 나르시시즘도 함께 높아졌다는 보고가 나왔습니다. 자존감을 키워 주려고 칭찬을 했는데, 그때 '넌 특별한 존재'고 '(다른 사람들보다) 뛰어난 존재'라는 메시지가 아이들에게 전해졌을지도 모릅니다.

이것은 우리에게 큰 시사점을 안겨 줍니다. 바로 어떠한 심리 특성을 강화하거나 억제하려 했을 때 그 특성'만' 조작하는 것은 힘들다는 사실이지요.

　자존감과 나르시시즘은 서로 연관되어 있습니다. 물론 엄밀히 따지면 다른 개념이지만, 나르시시즘 성향이 강한 사람은 자존감도 높은 경향이 있습니다. 그리고 자존감을 키워 줄 때 자존감과 동시에 나르시시즘도 함께 높아지는 현상을 막기란 현실적으로 거의 불가능한 듯 보입니다. 물론 좀 더 본질적인 자존감을 키워 주려는 시도는 있었습니다.[164] 그러나 아직은 검토해야 할 문제가 많아 보입니다.

2. 장점과 단점은 하나다

영재교육의 어려움

비슷한 문제는 특별한 재능을 갖고 태어난 아이들을 대상으로 실시하는 특별한 교육인 영재교육에서도 제기되었습니다.[165] 어린 나이에 특정 영역에서 특출한 재능을 보이는 아이들에게 그에 맞는 교육을 제공하는 것은 그 아이들뿐 아니라 사회 발전을 위해서도 중요한 의미가 있습니다. 학교에서 배우는 광범위한 과목에 다 적응하지는 못하지만 특정 분야에서만큼은 특출한 재능을 발휘하는 아이들에게 영재교육은 어찌 보면 구세주 같은 존재일 수도 있습니다.

　영재교육은 일반 교육 과정에서 답답함을 느끼는 아이들에게 한

줄기 빛이자, 능력과 기술을 꽃피우기 위한 시도입니다. 이런 아이들은 특정 분야에만 뛰어난 재능을 보이므로, 학교 교육에 적응하지 못하고(도태되는 것과는 다릅니다) 특출한 재능을 썩히고 마는 아이들이 예상외로 아주 많을 것입니다. 그러한 아이들에게 초점을 맞춘다는 것은 매우 의미 있는 시도입니다.

하지만 아이들을 재능에 따라 선발해 '넌 이런 재능이 있다'는 것을 자각하게 도와주고, 그 재능을 영재교육을 통해 키워 주는 것은 일종의 '특별대우'이기도 합니다. 이러한 특별대우를 받으면서 아이들이 '난 다른 사람들이 갖지 못한 특별한 능력을 가졌다'는 자각을 하게 되면 다른 사람들의 조언을 귀담아듣지 않거나 실패와 도전을 두려워하며 몸을 사리게 될지도 모릅니다.

왜 특별한 능력을 자각하면 도전하지 않고 실패를 두려워하는 것일까요? 생각해 볼 수 있는 이유 중 하나는 사람들이 재능에 대해 갖는 암묵적인 마인드셋(mindset)입니다. 미국의 심리학자 캐럴 드웩은 지능이나 재능이 선천적으로 고정되어 있다고 볼지(고정 마인드셋), 훈련을 통해 계속 성장하고 발전할 수 있다고 볼지(성장 마인드셋)에 주목했습니다.[166]

재능은 타고나는 것이라 생각하는 고정 마인드셋을 가진 사람이 자신의 능력을 발휘할 수 있는 과제에서 실패했다고 가정해 봅시다. 그러면 그 실패는 자신의 능력이 부족한 탓이고, 그 능력이 부족한 것은 원래 그렇게 타고났기 때문이 됩니다. 그것은 그 사람과 그 사람의 인생 자체를 부정하는 꼴이 될 수 있습니다. 고정 마인드셋을 가진 사람에게 실패란 자신의 존재 자체가 부정당할 수도 있는 문제인 것이지요. 그러니 실패나 도전을 피하려 할 수밖에 없습니다.

한편 재능은 훈련이나 교육을 통해 얼마든지 변할 수 있다고 생각하는 성장 마인드셋을 가진 사람에게 도전은 배움의 장이며, 실패는 성공의 어머니입니다. 자신의 능력은 얼마든지 성장할 가능성이 있다고 믿기 때문에 도전이나 실패를 두려워하지 않고 다양한 도전을 하며, 다른 사람의 조언을 경청하는 태도를 보이는 것이지요.

영재교육이 비록 그 의도는 아이들을 돕기 위한 것이었다 해도, 아이들의 인생에서는 오히려 바람직하지 못한 결과를 초래할 가능성이 있습니다. 이러한 단점을 잘 보완하면서 교육하는 것이 과연 가능할까요? 물론 방법 여하에 따라 가능할 수도 있겠지요. 하지만 자칫 잘못했다가는 장점이 단점으로 바뀌어 버릴 우려가 있다는 점은 명심할 필요가 있습니다.

서로 얽히고설킨 심리 특성

그렇다면 장점이 왜 단점이 되어 버리는 것일까요? 그 이유 중 하나로, 심리 특성끼리 네트워크를 이루며 서로 연결되어 있는 이미지를 떠올리면 이해하기 쉬울 듯합니다(그림 ③).

나르시시즘은 사이코패시와 마키아벨리즘, 사디즘과 연결되어 있으며, 사이코패시와 마키아벨리즘, 사디즘도 서로 연결된 형태로 어둠의 3요소와 어둠의 4요소를 구성하고 있습니다. 나아가 나르시시즘은 자존감과 외향성과도 연결되어 있으며, 이러한 어두운 특성들은 공격성과 충동성 등 기타 심리 특성과도 연결됩니다.

게다가 네트워크에는 양의 상관관계와 음의 상관관계가 존재합니다. 양의 상관관계는 한 심리 특성과 연결된 심리 특성이 동시에 강화되거나 약화될 가능성이 있는 관계를 말합니다. 반면에 음의 상관관계는 한쪽의 심리 특성이 강하면 다른 한쪽이 약해지고, 한쪽이 약하면 다른 한쪽이 강해지는 특징을 보입니다.

단 네트워크는 인과관계가 아니므로, 어떠한 변수를 높였다고 해서 그것이 다른 것으로 파급된다는 보장이 없습니다. 하지만 양쪽에 동시에 영향을 주는 요인은 존재하며, 동시에 강해지거나 약해질 가능성도 있습니다.

지금까지 어두운 성격과 여러 심리적 특성이 서로 연관이 있다는 보고가 나왔습니다. 그 관련성을 모두 연결하여 도식화하기는 쉽지 않습니다. 아직 발견되지 않은 변수 사이의 관련성도 존재하며, 생각지 못한 곳에서 새로운 관련성이 발견될 수도 있으니까요. 물론 이 발견은 연구를 할 때 하나의 중요한 관점이 됩니다. 전 세계의 연구자들이 매일 새로운 관련성을 찾아내기 위해 열심히 연구 중입니다.

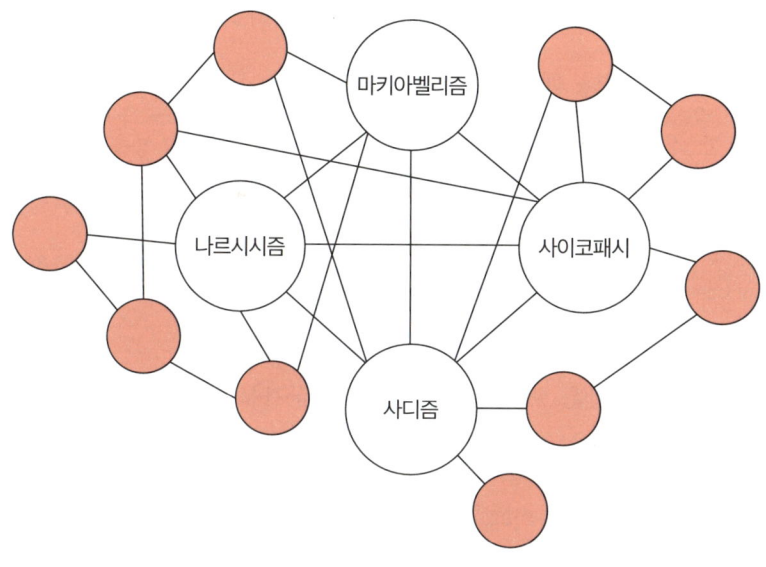

그림 ③ 도식화한 네트워크 구조

　특정한 심리 특성에만 초점을 맞추어 변화시키려 해도, 사실 다른 심리 특성에까지 영향이 미칠 수 있습니다. 그림 ③의 네트워크 중 어느 하나를 들어 올리면 선으로 연결된 다른 쪽 부분도 줄줄이 끌어 올려지는 식이지요. 과도한 다이어트를 하면 체중은 분명 감소하겠지만 냉한 체질이 되거나 운동능력에 문제가 생기거나 집중력이 떨어지는 등 심신에 좋지 않은 결과가 초래될 가능성이 있는데, 이러한 현상과 비슷합니다.

　설령 어두운 성격이 사회적으로 바람직하지 못한 성격이라 해도,

그것을 억제하려고 하면 과도한 다이어트처럼 부작용을 초래할 위험성이 있습니다. 백신에도 부작용이 있듯이, 심리적 측면에서 개입을 할 때도 생각지 못한 곳에서 부작용이 나타날 가능성을 늘 염두에 두어야 합니다.

행동의 동기

'살인'이라는 말은 보통 비합법적으로 누군가를 살해했을 때 쓰입니다.[167] 그런데 여기엔 범죄에 포함되지 않는 살해행위가 존재합니다. 예를 들자면, 정당방위에 의한 살인이 있겠지요.

범죄가 일어났을 때, 정신과 전문의에게 정신감정을 의뢰하는 경우가 있습니다. 정신감정을 할 때는 납득할 만한 명확한 범행 동기가 있는지의 여부가 하나의 포인트가 됩니다.[168] 명확한 범행 동기가 없으면 무죄가 될 수가 있으니까요. 예를 들어, 명백하게 '성, 금전, 명예'라는 동기가 있다고 보일 때는 판사나 검사, 변호사 모두 그 범죄의 동기가 분명하게 존재한다고 판단합니다. 물론 모두가 '성, 금전, 명예'를 이유로 죄를 저지르는 것은 아닙니다. 하지만 이러한 것들이 이유로 꼽힌다면 모두가 명확한 범행 동기가 있다고 생각하는 것이지요.

그런데 만약 집 앞을 지나가던 사람을 다짜고짜 때려서 다치게 한 남성에게 때린 이유를 묻자 다음과 같은 대답을 했다고 가정해 봅시다. "사실 난 중요인물로 어느 나라의 감시 대상인데, 매일같이 개를 데리고 우리 집 앞을 산책하는 남자가 날 감시하는 그 나라의 스파이라는 사실을 알게 됐습니다. 그래서 살해당하기 전에, 내가 먼저 뛰쳐나가 그 사람을 때린 거라고요." 이러한 이유는 '성, 금전, 명예'와는 완전히 다른 이유이지요. 그러면 '명확한 범행 동기가 없다'고 판단되어 정신감정을 받게 될 가능성이 있습니다.

일곱 가지 대죄

가톨릭 교회는 인간을 죄로 이끄는 '일곱 가지 대죄'라는 욕구와 감정이 존재한다고 말합니다. 이는 분노, 시기, 탐식, 탐욕, 정욕, 교만, 나태입니다. 참고로 이러한 죄를 저지른 자에게는 사망 후 지옥에서 다음과 같은 벌을 내린다고 합니다. 분노는 산 채로 신체를 절단하고, 시기는 얼어붙은 물속에 빠트리고, 탐식은 쥐와 개구리, 뱀을 억지로 먹이고, 탐욕은 펄펄 끓는 기름이 든 불가마에 넣고, 정욕은 지옥의 모진 고문을 받게 하고, 교만은 두 대의 수레에 각 다리를 묶어 몸을 두 갈래로 찢고, 나태는 뱀이 득실거리는 굴에 집어 던집니다.[169] 그리고 이 벌은 영원히 계속되지요.

이렇게 무시무시한 협박과 경고가 존재할 정도로, 일곱 가지 대죄는 억제해야 할 욕구로 여겨져 왔습니다. 또 일곱 가지 대죄의 반대가 되는 특징도 있는데, 이는 '미덕'이라 불립니다. 분노의 반대는

'인내', 시기의 반대는 '감사', 탐식의 반대는 '절제', 탐욕의 반대는 '자비', 정욕의 반대는 '순결', 교만의 반대는 '겸허', 나태의 반대는 '근면'입니다.

이것들은 전부 심리학에서 연구 대상으로 삼는 현상입니다. 예를 들어 분노는 화, 적개심, 공격성을 측정하는 심리 척도를 적용할 수 있습니다. 시기는 질투 경향을 측정하는 척도가 적용되고,[170] 탐식은 섭식장애를 측정하는 심리 척도로 파악할 수 있겠지요.[171] 탐욕은 더 많은 것(자원이나 금전)을 갈구하며 만족할 줄 모르는 욕망이라고 보므로, '(돈이나 물건이) 많아서 힘들다고 생각해 본 적은 단 한 번도 없다'와 같은 질문 항목이 들어가 있는 심리 척도로 파악할 수 있습니다.[172]

정욕은 성욕의 개인차를 측정하는 심리 척도를 적용하면 됩니다.[173] 교만은 나르시시즘과도 매우 비슷한데, 자신이 특별하다고 생각하는 특권의식을 측정하는 심리 척도를 적용해 볼 수 있습니다.[174] 나태는 무언가를 해내려는 동기부여가 얼마나 약한지를 측정하면 파악이 가능합니다. 이렇게 보면, 일곱 가지 대죄 모두 심리학의 연구 대상으로 삼을 수 있겠네요.

몇 년 전의 일입니다. 한 해외 학회에 가서 포스터 발표(연구 결과를 한 장의 포스터에 요약하여 보여 주고, 발표자가 자신의 포스터 앞에 서서 설명하는 형식의 학회 발표) 회장을 이리저리 둘러보다가 우연히 다음에 소개할 연구를 찾게 된 기억이 납니다. 주제를 본 순간 '심리학에서 일곱 가지 대죄에 대해 연구하는 사람이 있구나!'라며 얼마나 놀랐는지 모릅니다.

캐나다의 심리학자 버논과 그의 연구팀은 일곱 가지 대죄에 상당하는 내용을 측정할 수 있는 심리 척도를 준비하여 어두운 성격과의 관련성을 검토했습니다.[175] 전체적으로 마키아벨리즘과 사이코패시 모두 일곱 가지 대죄 전체와 양의 상관관계를 보였습니다. 한편 나르시시즘은 관련성이 다소 떨어지며, '나태'와의 관련성은 통계적으로 의미가 없었습니다.

일곱 가지 대죄는 지극히 인간다운, 인간 본연의 욕구입니다. 그리고 이러한 욕구를 참지 못해 반사회적 행동을 보이거나 죄를 저지른다면 대부분의 사람들은 그 이유를 어느 정도 납득할 것입니다.

어두운 성격과 관련된 욕구는 그만큼 우리로서는 이해하기 쉬운 것이라 말할 수 있습니다. 어두운 성격이 보여 주는 행동의 이유란 것은 어찌 보면 우리에게 매우 친숙하고 인간다운 것이라고도 볼 수 있지요.

3. 사회 속에서의 어두운 성격

지위 게임에서 도망치는 것은 불가능하다

영국의 작가 윌 스토가 자신의 저서 『지위 게임』에서 지적하고 있듯이, 인생을 살다 보면 지위가 나이나 외모 등 다양한 형태로 나타나고 우리는 의식적으로든 무의식적으로든 그것을 경쟁하고 있습니다. 그리고 특히 지배, 도덕, 성공이라는 세 가지 종류의 지위와 그것을 추구하는 게임이 인생에서는 큰 위치를 점합니다.

지배게임에서는 힘이나 두려움을 무기로 지위를 차지합니다. 도덕게임에서는 의리와 인정, 순종, 도덕 등의 수준이 높은 인물에게 지위가 부여됩니다. 성공게임에서는 기술과 재능을 이용해 승리하는 것, 더 나아가 구체적인 성과를 보여 주었을 때 지위가 부여됩니다.

반사회적 세력이나 군대에서는 지배게임, 종교나 왕실 제도 내에서는 도덕게임, 기업이나 스포츠 등에서 나타나는 경쟁 구도에서는 성공게임이 중심이 되는 듯한 이미지가 있습니다.

하지만 엄밀히 말하자면 이것들은 명확히 구분되지 않습니다. 대부분의 지위 게임은 지배와 도덕과 성공, 이 세 가지 요소가 혼재되어 있습니다. 예를 들어 이종격투기 경기는 지배게임이라 할 수 있지만, 룰이 있고 그 룰을 지켜야 하는 도덕게임의 요소를 내포하고 있으며, 혹독한 훈련과 재능이 뒷받침되어야 하는 성공게임의 요소도 동시에 갖고 있습니다.

연구자들이 경쟁하는 세계도 명백한 지위 게임입니다. 기본적으로는 어떠한 연구를 했는지, 어떠한 논문과 저서를 쓰고 어떠한 연구발표를 했는지 그 연구성과를 바탕으로 지위가 부여되지요. "저 연구를 한 사람이군요"와 같은 말을 들으면서, 연구자의 지위는 상승하는 것입니다.

그리고 최근 들어 숫자상의 경쟁도 치열해졌습니다. 구글 학술검색과 리서치게이트, 스코퍼스 등과 같은 학술논문 데이터베이스 플랫폼을 통해 각 연구자들이 관여한 논문 수, 각 논문이 인용된 횟수, 그리고 각 연구자들이 연구에 공헌한 정도를 나타내는 지표를 파악할 수 있게 되었기 때문입니다. 예를 들어, 피인용 횟수는 한 논문이 다른 논문에 몇 번 인용되었는지를 보여 줍니다. 심리학 학계에서도 연구 경력이 짧은 연구자들은 수십~수백 회 정도 인용되지만, 세계적으로 유명한 연구자들은 피인용 횟수가 수만~수십만 회에 달합니다.

또 h 지수(h-index 또는 허쉬 지표)는 피인용 횟수가 h회인 논문이 h권 이상 있다는 조건을 충족시키는 최댓값을 말합니다. 한 연구자가 지금까지 20개의 논문을 썼다고 합시다. 이 중 10회 이상 인용된 논문이 10개이며, 그 이외의 논문은 모두 인용된 횟수가 9회 이하일 경우 h 지수는 '10'이 됩니다. 이 연구자의 논문 피인용 횟수가 증가해 11회 이상 인용된 논문이 11개라면 h 지수는 '11'이 되겠지요. 또 똑같이 20개의 논문을 쓴 연구자라 하더라도 10회 이상 인용된 논문이 5개뿐이고, 그 이외의 논문은 1회씩밖에 인용되지 않았다고 한다면 h 지수는 '5'가 됩니다.

지금 이 시대는 롤플레잉 게임이나 액션물 만화의 캐릭터처럼 연구자들이 수치로 표현되고 있으며, 마치 이것이 연구 능력인 것처럼 취급되고 있습니다(단, 이 게임은 전혀 다른 룰 아래서 경쟁하는 연구 분야도 존재합니다). 연구자들의 세계는 누가 봐도 명백한 성공게임인데, 연구 경력 때문에 지배게임이 펼쳐질 수도 있고 연구 태도를 평가받는 도덕게임의 요소가 들어갈 수도 있습니다.

그리고 지위를 얻으려는 게임에 참여하지 않는 것처럼 보여도 우리는 제각각 어떠한 형태로든 지위 게임에 참여한 상태입니다. 그리고 지배, 도덕, 성공 중 어느 것에 얼마나 무게를 둘지도 저마다 다릅니다. 이는 '세 가지 중 한 가지 게임만 한다'는 것이 아닙니다. 밸런스의 문제이지요. 또 매 장면마다 어떤 게임을 할지, 그 모드를 바꾸기도 합니다.

'난 지위를 바라지 않아'라고 생각하는 사람도 있겠지만, 지위를 원하는 욕구는 우리 마음속 저 깊은 곳에 처음부터 존재하는 듯합니다. 그리고 어두운 성격, 특히 마키아벨리즘과 나르시시즘은 지배나 성공에 무게를 둔 지위욕과 밀접한 관련이 있다고 보입니다. 지위욕은 사회생활을 하는 우리 모두가 갖고 있는 근원적 욕구이며, 이러한 관점에서도 어두운 성격은 매우 인간답고 우리에게 친숙한 것이라 볼 수 있겠지요.

사회 안에서 벌어지는 공격

그런데 어두운 성격의 빌런이 우리 가까이에 있어 피해를 본다고 느끼는 사람도 있지 않을까요?

일상생활 속에서 상대로부터 직접적인 공격을 받거나 피해를 보는 경우는 예전보다 줄어든 편입니다. 지금은 누구나 스마트폰을 갖고 있고, 자동차에도 블랙박스가 필수 옵션으로 달려 있기 때문에, 문제 상황이 실시간으로 녹음되고 녹화되어 기록으로 남습니다. 현관에 설치하는 CCTV는 가격도 싸고 무언가 움직임이 있으면 바로 스마트폰으로 알려 줍니다. 요즘 세상에 남들에게 피해를 주는 행동은 다수의 감시하에 억제되는 경향이 있으며, 만약 그런 행동을 했다면 본인의 이미지가 하락할 위험성이 매우 높아집니다.

물론 한편으로 인터넷에서는 익명 계정으로 악성 댓글을 달거나 누군가를 저격하는 글을 쓰는 등 악의적인 행위가 끝도 없이 벌어지고 있습니다. 앞서 설명했듯이 인터넷 트롤링을 즐기는 사람들도 존재하고, 교내 익명 커뮤니티에서는 음습한 대화가 오갈지도 모릅니다. 익명 계정에 숨어 활동하는 사람들의 행동은 억제하기가 쉽지 않습니다.

하지만 그럼에도 SNS에 악성 글을 쓴 작성자의 정보 공개를 청구하는 움직임도 증가한 듯 보입니다. 개인이 정보 공개 청구를 하기엔 여전히 문턱이 높지만, 개인의 의뢰를 받아 대신 청구해 주는 변호사에 관한 정보도 인터넷에서 비교적 쉽게 찾을 수 있습니다.

현대 사회는 어두운 성격의 소유자가 자신의 욕구를 그대로 드러내어 행동하기가 어려운 환경이 되어 가고 있습니다.

장기적인 사회 변화

지금까지 살펴본 것처럼, 어두운 성격은 유전적인 영향도 있지만 열악한 환경 때문에 더 강화될 가능성이 있습니다. 그리고 열악한 환경 속에서야말로 어두운 성격이 유리한 결과를 가져온다고 볼 수 있습니다. 하지만 한편으로 요즘은 어두운 성격에 불리한 환경적 요소가 많습니다.

나아가 긴 인류의 역사를 되돌아봐도, 시대가 현대로 넘어올수록 열악한 환경은 점점 줄어들었습니다.

심리학자이자 과학 저술가인 스티븐 핑커가 『우리 본성의 선한 천사』에서 묘사하듯이, 인류의 긴 역사(지구의 역사에 비하면 아주 짧겠지만) 속에서 폭력행위의 심각성과 빈도, 확산 정도는 점차 줄어들었습니다. 아마 온라인상의 행위도 마찬가지일 것입니다. 우리 사회 시스템은 더 많은 사람이 원하는 방향으로 구성되어 가는 경향이 있는데, 세상에 타인으로부터 공격을 받는 것을 좋아할 사람은 아무도 없기 때문입니다.

긴 시간의 관점에서 보면, 현대 사회는 지금까지 인류의 역사를 돌이켜 보더라도 이례적으로 폭력이 적습니다. 여기에 의료와 과학 기술이 발전함에 따라 과거 사람들은 상상도 하지 못할 만큼 건강하게 장수할 가능성이 커진 것이 바로 현대 사회라고 할 수 있습니다(물론 앞으로는 더욱 발전할 테고요).

이러한 안전하고 평화로운 세상 속에서는 어두운 성격이 도드라져 보입니다. 우리가 안심하고 생활할 수 있는 세상에서 살고 있기 때문에, 이 세계의 질서를 어지럽히는 사람들에 대해 더 흥미를 갖게 되고 이해하려고 노력하며 어떻게든 그런 사람들로부터 벗어나려 하는 것이 아닐까요?

평화는 언제까지 지속될까

다만 현대와 같은 문명의 번영이 앞으로도 영원히 계속될까요? 아마 여기에 의문을 제기하는 사람도 있을 것입니다.

지금까지의 인류의 역사를 보더라도 문명의 번영과 붕괴, 국가나 사회의 번영과 붕괴는 반복되어 왔습니다. 똑같이 '번영'과 '붕괴'라 일컫는다 해도 그 수준은 다양합니다. 정말로 국가나 지역사회 그 자체가 소멸해 버리는 경우도 몇 번이나 있었고, 발전기와 쇠퇴기를 경험하는 나라도 드물지 않습니다.

멀리서 찾을 것도 없습니다. 일본은 태평양전쟁이 끝난 후인 1950년대부터 1970년대에 걸쳐 급속한 경제 발전을 이룩했고, 1980년대 후반에는 토지를 중심으로 한 버블경제 시기를 맞이했으며, 1990년대에 들어서면서 장기 침체를 겪었습니다. 이는 일본뿐만이 아닙니다. 어느 나라나 경제가 급속도로 발전하는 시기도 있고 침체되는 시기도 있는 법이지요.

매년 기후변화에 관한 뉴스가 보도됩니다. 허리케인이나 태풍, 게릴라성 호우, 대규모 산불, 심한 눈보라를 동반하는 폭설 등 기후의 변동 폭은 해마다 커지고 있음을 실감합니다. 미국의 진화생물학자 재레드 다이아몬드는 자신의 저서 『문명의 붕괴』에서 인류의 문명이 지금까지 수차례 붕괴되는 과정에서 그 원인이라 볼 수 있는 패턴에 대해 정리했습니다. 그것은 환경 파괴, 기후 변화, 적대적인 이웃, 우방의 협력 감소, 환경 문제에 대한 사회의 대응입니다. 이 중 환경 문제에 대한 사회의 대응은 문명의 붕괴와 큰 관련이 있다고 합니다. 우리 사회는 점점 심각해지는 환경 문제에 현명하게 대응할 수 있을까요?

또 2020년 신종 코로나바이러스 감염증의 세계적 대유행은 세계가 이대로 멸망할지도 모른다는 위험성을 느끼게 한 사건이었습니다. 하지만 팬데믹으로 인한 혼란 속에서도 각국의 신속한 대응과 백신 개발 과정은 우리에게 희망을 안겨 주었습니다. 다만 독성과 감염력이 훨씬 강한 바이러스가 또 언제 확산될지 모른다는 불안은 여전히 불식되지 못한 상황입니다.

그리고 러시아가 우크라이나를 침공한 사건은 앞으로 전 세계가 전쟁에 휘말릴지도 모른다는 위기감을 심어 주었습니다.

미국 스탠퍼드대학교의 역사학자 발터 샤이델은 자신의 저서 『불평등의 역사』에서 인류가 사회 내 불평등이 확대되었을 때 무언가를 계기로 사회가 붕괴되는 패턴을 반복적으로 경험했다고 말합니다.[176] 인류사 전체를 봤을 때, 사회가 안정되면 사람들 사이의 빈부 격차가 점점 커집니다. 그리고 그 격차가 점점 벌어지다 어느 지점에 도달하면 전환점을 맞이합니다. 대부분의 경우 대규모 전쟁, 쿠데타, 국가 붕괴, 그리고 전염병 대유행을 계기로 붕괴되었습니다.

쇼와시대(1926~1989년) 초기 일본 사회의 모습을 그린 소설을 읽다 보면, 대학교수의 집에는 늘 가정부가 있고, 가사를 돌보며 공부를 하는 젊은 서생이 더부살이를 하는 모습이 등장합니다. 또 당시 도쿄에 있는 대학에서 학생들을 가르치는 교수들은 죄다 별장이 있었습니다. 요즘 대학교수의 연봉으로는 상상도 못 할 일이지요. 사실 태평양전쟁 전의 일본은 세계에서도 전례가 없을 정도로 경제적 격차가 심했던 사회였습니다.

그런 격차 사회를 없애 버린 것이 바로 전쟁입니다. 일본에서 잘나가던 재벌 상위 1%의 가치는 1936년부터 1945년까지 전쟁을 치르면서 90% 이상 하락하게 됩니다. 또 1930년대 후반 일본의 소득 격차 수준을 보여 주는 지니계수는 0.45~0.65였습니다. 지니계수가 0.4를 넘으면 위험경계선을 초과하여 빈부 격차가 심각한 상태이고, 0.6을 넘으면 언제 폭동이 일어나도 이상하지 않은 수준입니다. 그런데 일본이 전쟁을 겪은 후인 1950년대 중반까지는 0.3 전후 수준으로 떨어진 것입니다.[177]

빈부 격차가 심해지면 전쟁, 쿠데타, 붕괴가 일어나고 역병이 돌면서 일시적으로 사회 전체가 대혼란 상태에 빠집니다. 그리고 다시 평화롭고 평등한 세상이 오면서 사회는 다시 살아납니다. 하지만 그렇게 찾아온 평화로운 사회에서 다시 또 격차가 벌어지게 되지요.

제2차 세계대전 이후 국소적인 전쟁이나 분쟁은 몇 차례 있었고 그 지역에서 큰 피해가 발생한 것도 분명한 사실이지만, 전 세계가 휘말리는 전쟁은 일어나지 않았습니다. 세계적으로 보면 기본적으로 평화로운 세상이 계속 이어지고 있으며, 그렇기에 지니계수도 커졌습니다. 2021년 일본의 지니계수는 당초 소득으로 따졌을 때는 0.57이고, 연금이나 의료 등의 재분배 후에는 0.38이었습니다. 1962년에 조사를 개시한 이후 역대 최고치였다는 보도도 나왔습니다.[178]

현대 사회는 뷰카(VUCA) 시대라고도 부릅니다. 숨 가쁘게 변화하여 예측하기 힘든 세상을 표현하는 말로, 뷰카(VUCA)는 변동성(Volatility), 불확실성(Uncertainty), 복잡성(Complexity), 모호성(Ambiguity)을 의미합니다. 앞으로 우리가 사는 세상이 점점 예상치 못한 혼란 속으로 나아갈 가능성은 항상 존재하는 것이지요.

혼란스러운 세상은 어두운 성격이 형성되고 그러한 성격의 소유자가 활약할 가능성이 큰 환경이기도 합니다. 과연 평화롭고 번영한 세상은 언제까지 계속될까요? 물론 제가 살아 있는 동안, 그리고 우리 다음 세대와 그다음 세대까지도 계속 평화로운 세상이 이어지길 바라지만 인류 역사 속에서 아무런 혼란 없이 평화로운 시간은 그리 길지 않았던 것도 사실입니다.

빌런들이 살아남는 이유

이러한 문제를 생각할 때는 어떤 입장에서 바라볼지를 명확히 해야 합니다.

개인의 입장에서 보면, 어두운 성격의 소유자뿐만 아니라 자신에 대한 공격, 악의, 범죄로부터 벗어나는 것이 중요합니다. 또 실제로 피해가 발생했을 때는 무언가 대응이나 조치를 취하는 시스템이 마련되어 있는지, 그리고 이용 가능한 상황인지가 중요합니다.

만약 자신에게 어두운 성격의 요소가 있다는 사실을 자각했다면,

자신의 목표와 욕구에 눈을 돌려 보면 어떨까요? 개인의 이익을 최대화하려다 보면 다양한 문제를 일으킬 수 있는데, 이는 어두운 성격의 특징 중 하나입니다. 하지만 자신이 어느 조직에 소속되어 있다면, 그 조직의 이익과 개인의 이익을 동시에 최대화할 수 있는 방법이 없을지 생각해 보는 것도 부정적인 결과를 피하는 하나의 방법이 되겠지요.

때로 어두운 성격이 유리하게 작용한다면, 어두운 성격이 아닌 사람은 오히려 '어두운 성향이 강했으면' 하고 바랄지도 모릅니다. 물론 억지로 키우려고 노력할 필요는 없습니다. 하지만 주어진 문제를 해결하지 못하고 끙끙대고 있는 상황이라면, 가끔은 나 자신만 생각하고 어두운 성격의 부분적인 특징을 흉내 내며 자유롭게 행동해 보세요. 아마 생각지 못한 타개책을 발견하게 될지도 모릅니다. 물론 반드시 성공한다는 보장은 없을지라도, 시도해 볼 가치는 있지 않을까요?

혹은 훨씬 큰 목표를 걸어 보는 것도 의미가 있습니다. 경영자의 사례로 들었던 앨버트 던랩과 스티브 잡스, 일론 머스크, 그리고 가공의 인물이지만 셜록 홈즈의 비교에서 알 수 있는 것은, 똑같이 주위 사람들에게는 까다롭고 엄격하단 인상을 주는 인물이었지만 사리사욕을 추구하거나 문제를 해결하거나 세계를 바꾸려 하는 등 그 목표는 서로 크게 다르다는 점입니다.

사회에서 큰일을 하려면 때때로 타인의 의견을 무시하거나, 멋대로 행동하거나, 주위 사람이나 환경을 이용하거나, 감정에 휩쓸리지 않고 침착하게 판단하는 것이 유리하게 작용할 때가 있습니다. 자신의 이익만을 추구하지 않고 사회로 눈을 돌렸을 때, 어두운 성격의 일부 특징들이 목표 달성을 위한 행동에 더욱 박차를 가하는 강한 원동력이 될 수 있는 것이지요.

그렇다면 이번엔 집단을 통솔하는 입장에서 볼까요? 어두운 성격의 빌런은 집단 내 인간관계에 분란을 일으킬 소지가 있는 존재입니다. 그러니 이러한 빌런을 조직 내에서 배제시키려는 사람이 있다 해도 이상한 일은 아닙니다. 하지만 그렇게 하면 조직 구성원의 획일화를 초래하게 됩니다. 조직의 획일화는 의견이나 대처가 획일화되는 결과를 가져와, 무슨 문제가 발생했을 때 그 문제를 해결하고 회복시키는 조직의 회복탄력성을 저해할 우려가 있습니다.[179] 조직이 심각한 손해를 입었을 때 생각지도 못한 곳에서 다시 살아날 방법을 찾아내려면 어느 정도 복잡성과 다양성이 존재하는 조직이어야 합니다.

2장에서 살펴본 것처럼, 어두운 성격의 소유자에게는 저마다 뛰어난 영역이 있다고 볼 수 있습니다. 또한 사람들의 주목을 받을 가능성이 있고 자신들의 행동에 명예나 평판 등의 대가가 따라오는 경우 어두운 성격의 소유자들은 타인에게 도움이 되는 향사회적 행동을 할 가능성이 있다는 지적도 나왔습니다.[180] 어두운 성격이 항상 타인이나 집단의 이익을 생각하며 행동하는 것은 아니지만, 잘만 연구하면 조직이나 집단에 도움이 되도록 이용할 여지가 있지 않을까 싶습니다.

조직이 직면하는 문제는 매우 다양합니다. 이러한 다양한 문제에 잘 대응하기 위해서는 조직 구성원의 다양성을 일정 범위 내에서 유지하는 것이 중요합니다. 물론 제가 리스크를 무시하고 너무 낙관적으로 말하고 있다는 점은 저 스스로도 잘 알고 있습니다.

일을 할 때 함께 일하는 사람들이 좋고 그 장소가 편하다는 것은 그 무엇과도 바꿀 수 없을 정도로 중요하다는 점엔 저 역시 너무나 동의합니다. 조직의 다양성을 유지하면서도 한편으로 일정한 심리적 안전성을 유지하여 그 조직이 편안하게 느껴지도록 만드는 것은 대부분의 조직에 주어진 커다란 숙제입니다. 이것이 유일한 해결 방법은 아니지만, 2장에서 본 것처럼 어두운 성격의 소유자는 제약이 적고 자율성이 높은 직장, 또 주위로부터 좋은 평가를 받는 직장에 다닐 때 만족하는 경향이 있습니다. 하지만 이러한 곳은 빌런뿐만 아니라 그 누구라도 좋아할 직장일 것입니다.

좀 더 초월적인 입장에서 인류의 행위를 바라보면 어떨까요? 왜 우리 인간 집단 내에는 문제를 일으킬 만한 소지가 있는 성격이 남아 있는 것일까요? 게다가 유전적 요인도 어느 정도 이 성격 형성에 영향을 줍니다. 만약 이 성격이 사회에서 살아남기에 불리하고 결혼이나 출산에도 영향을 줄 수 있는데 그 사회가 몇 세대에 걸쳐 계속된다고 한다면, 이 성격을 형성하는 유전자는 아마 도태되고 말 것입니다. 하지만 실제로 그런 일은 일어나지 않지요.

지질연대 측면에서 보면 인류의 역사 같은 것은 그야말로 찰나에 불과하지만, 우리 인류가 지금까지 생존해 온 역사 속에서 어두운 성격이 다른 성격보다 유리해지는 상황이 수차례 있었으리라는 점은 상상이 가능합니다. 초월적인 관점에서 보면 인류가 살아남은 것에 어두운 성격이 다소 기여를 했을 가능성도 있다는 것이지요. 만약 앞으로 우리가 가혹한 세상을 맞이해야 하는 시기가 왔을 때, 어두운 성격의 소유자들 덕분에 인류라는 집단이 어떻게든 살아남게 될지도 모릅니다. 이것도 집단의 다양성을 유지하는 이유 중 하나이겠지요.

마무리하며

쓰다 보니 너무 많은 이야기를 한 것 같네요.

어두운 성격은 결코 나와 '무관'하지 않습니다. 누구에게나 내면에 어두운 빌런의 요소가 존재합니다. 어두운 성격은 광범위한 성격 영역을 나타내며 누구나 부분적으로, 아주 일부만 가졌을 가능성도 있지요. 또 자신에게 어두운 성격이 없다 하더라도 주위 사람들로부터 피해를 입는 경우가 있습니다.

왜 이런 성격이 우리 안에 남아 있는 것일까요? 진화적인 측면에서 본다면, 이러한 성격에 영향을 미치는 유전적 요소가 도태되기 전에 환경이 격변하여 어두운 성격에 유리한 혹독한 시대가 찾아오는 일이 반복된 것이 아니었을까 싶습니다. 오랜 역사와 진화의 관점에서 보면 인간의 인생은 너무도 짧아 어두운 성격이 가진 의의가 잘 보이지 않는 것이지요.

개인의 관점에서 보면, 어두운 성격을 가져서 고민이 되거나 어두운 성격을 가진 사람 때문에 고민을 할지도 모릅니다. 하지만 그것 또한 인간에게 주어진 본성이라는 점을 잊지 마세요.

에필로그

학부생 시절 도서관에서 연구 잡지를 뒤적이며 졸업 연구 주제를 무엇으로 잡아야 좋을지 고민한 적이 있습니다. 당시에는 인터넷으로 PDF를 검색하는 시스템도 없었기 때문에 종일 도서관에 틀어박혀 잡지를 뒤지면서 논문을 찾았습니다.

정확히 무엇 때문이었는지는 기억이 나지 않지만, 나르시시즘에 관한 연구를 발견했을 때 흥미가 생겼습니다. 아니, 솔직히 몇 가지 관심 있는 연구 주제가 있긴 했지만, 도서관에서 닥치는 대로 연구 잡지를 뒤지며 제가 연구할 수 있을 만한 주제를 찾으려 했습니다. 그러던 중 해외에서는 나르시시즘에 대한 연구가 활발히 이루어지고 있는데 일본 국내에서는 미진한 걸 보니 앞으로 연구할 부분이 많겠다는 생각이 들었습니다.

결과적으로 그 후 박사 논문을 쓸 때까지(그리고 그 후에도) 계속 나르시시즘 연구를 하게 되었습니다. 이것도 제게는 예상치 못한 미래였지요.

심리학에서는 화려하게 등장한 연구 영역이 나중에 가서는 별로 주목받지 못한 채 시들해지는 경우가 종종 있습니다. 나르시시즘이라는 개념도 제가 연구를 시작했을 무렵에는 '일시적인 유행' 같은 것이라 나중에 가면 연구하는 사람이 없을 거라고 당시의 저는 생각했습니다. 하지만 그 후, 해외에서 더욱 많은 연구자들이 참여하면서 나르시시즘 연구가 계속 이어지는 모습을 보고 솔직히 많이 놀랐습니다.

  그리고 어둠의 3요소를 구성하는 성격 특성으로 나르시시즘이 들어가게 된 그 흐름도 제 예상 밖이었습니다. 덕분에 해외에서 나르시시즘 자체에 대한 연구도 발전하기 시작했습니다. 어둠의 3요소라는 개념이 주는 임팩트도 매우 컸지만, 1장에서 설명한 것처럼 측정 도구가 개발되면서 연구가 폭발적으로 증가한 것이지요.

  일단 연구가 많이 이루어지면, 온라인상에서 영상이나 기사가 갑자기 폭발적인 화제를 모으며 주목받는 것과 똑같은 현상이 연구계에서도 일어납니다. 해외 성격학회에 가 보면, 어둠의 3요소만 연구하여 발표하는 세션이 한 공간에 따로 마련되어 있고, 이에 흥미를 갖는 연구자들이 모여 있는 모습을 보게 되는 일이 많아졌습니다. 이것도 이 책에서 쓴 내용이지만, 논문도 점점 늘어나 성격심리학과 관련이 없는 잡지에도 어둠의 3요소에 대한 내용이 간혹 실릴 때가 있습니다.

이렇게 흥미를 갖고 시작한 연구가 형태를 바꾸어 가며 점점 확장되어 가는 모습을 목도할 수 있었던 것은 제게 좋은 경험이 되었습니다. 이러한 경험을 하면서, 연구라는 행위 그 자체에 대해서도 이런저런 생각을 하게 되었습니다. '성격이 나쁘다'라는 말에 대해 생각하다 저 자신을 다시 되돌아보게 된 것이지요. 이 책이 부디 자신에 대해, 사회에 대해, 그리고 인류 전체에 대해 생각해 보는 계기가 되었으면 좋겠습니다.

이 책에서 설명했듯이, 어두운 성격에 대한 연구는 다양한 영역으로 퍼져 나갔습니다. 미처 다루지 못한 논문과 연구성과도 아주 많고, 이 책이 출간되는 이 순간에도 어쩌면 이 영역의 연구 흐름을 크게 바꿀 논문이 나올지도 모릅니다. 그 정도로 이 영역의 연구는 그 흐름이 매우 빠르고, 많은 연구자가 연구에 힘쓰고 있습니다. 이러한 가운데, 이 책은 독단과 편견으로 연구를 선택하여 다소 무리하게 정리한 부분도 있습니다. 이 책의 내용이 뭔가 부실하다고 느껴지신다면 그것은 모두 저자인 제 능력이 부족한 탓입니다.

이 책은 많은 분들의 도움으로 완성되었습니다. 함께 연구하며 많은 자극을 주신 공동연구자와 대학원생 여러분께 감사드립니다. 또 글이 좀처럼 써지지 않아 원고가 계속 늦어짐에도 강한 인내심으로 기다려 주시고 격려해 주신 지쿠마쇼보 편집부의 하네다 마사미 님께도 진심으로 감사드립니다.

미주

1 マルコム・グラッドウェル, 沢田博・阿部尚美(訳)『第1感 ──「最初の2秒」の「なんとなく」が正しい』光文社・2006

2 T. ギロビッチ, 守一雄・守秀子(訳)『人間 この信じやすきもの ── 迷信・誤信はどうして生まれるか』新曜社・1993

3 Achenbach, T. M., & Edelbrock, C. S. (1978) The classification of child psychopathology: a review and analysis of empirical efforts. *Psychological Bulletin, 85* (6), 1275-1301. https://doi.org/10.1037/0033-2909.85.6.1275

4 Bühler, J. L., Orth, U., Bleidorn, W., Weber, E., Kretzschmar, A., Scheling, L., & Hopwood, C. J. (2023) Life Events and Personality Change: A Systematic Review and Meta-Analysis. *European Journal of Personality*. 08902070231190219. https://doi.org/10.1177/08902070231190219

5 Seligman, M. E., & Csikszentmihalyi, M. (2000) Positive psychology: An introduction. *The American Psychologist, 55* (1), 5-14. https://doi.org/10.1037/0003-066x.55.1.5

6 Wang, F., Guo, J., & Yang, G. (2023) Study on positive psychology from 1999 to 2021: A bibliometric analysis. *Frontiers in Psychology, 14*, 1101157. https://doi.org/10.3389/fpsyg.2023.1101157

7 Paulhus, D. L., & Williams, K. M. (2002) The Dark Triad of personality:

Narcissism, Machiavellianism and psychopathy. In *Journal of Research in Personality* (Vol. 36, Issue 6, pp. 556-563). https://doi.org/10.1016/s0092-6566(02)00505-6

8 Proto, E., & Zhang, A. (2021) COVID-19 and mental health of individuals with different personalities. *Proceedings of the National Academy of Sciences of the United States of America, 118* (37). https://doi.org/10.1073/pnas.2109282118

9 Rolón, V., Geher, G., Link, J., & Mackiel, A. (2021) Personality correlates of COVID-19 infection proclivity: Extraversion kills. *Personality and Individual Differences, 180*, 110994. https://doi.org/10.1016/j.paid.2021.110994

10 Jonason, P. K., & Webster, G. D. (2010) The dirty dozen: a concise measure of the dark triad. *Psychological Assessment, 22* (2), 420-432. https://doi.org/10.1037/a0019265

11 Christie, R., & Geis, F. L. (1970) *Studies in Machiavellianism*. New York: Academic Press.

12 Levenson, M. R., Kiehl, K. A., & Fitzpatrick, C. M. (1995) Assessing psychopathic attributes in a noninstitutionalized population. *Journal of Personality and Social Psychology, 68* (1), 151-158. https://doi.org/10.1037/0022-3514.68.1.151

13 Hare, R. D., Harpur, T. J., & Hemphill, J. D. (1989) *Scoring pamphlet for the Self-Report Psychopathy scale: SRP-II*. Unpublished manuscript, Simon Fraser University, Vancouver, British Columbia, Canada

Lester, W. S., Salekin, R. T., & Sellbom, M. (2013) The SRP-II as a rich source of data on the psychopathic personality. *Psychological Assessment, 25* (1), 32-46. https://doi.org/10.1037/a0029449

14 Raskin, R., & Terry, H. (1988) A principal-components analysis of the

Narcissistic Personality Inventory and further evidence of its construct validity. *Journal of Personality and Social Psychology, 54* (5), 890-902. https://doi.org/10.1037/0022-3514.54.5.890

15 田村紋女・小塩真司・田中圭介・増井啓太・ジョナソン・ピーター・カール「日本語版 Dark Triad Dirty Dozen (DTDD-J) 作成の試み」『パーソナリティ研究』2015 24巻1号 26-37. https://doi.org/10.2132/personality.24.26

16 Jones, D. N., & Paulhus, D. L. (2014) Introducing the Short Dark Triad (SD3): A brief measure of dark personality traits. *Assessment, 21* (1), 28-41. https://doi.org/10.1177/1073191113514105

17 Allport, G. W., & Odbert, H. S. (1936) Trait-names: A psycho-lexical study. *Psychological monographs, 47* (1), 171. https://doi.org/10.1037/h0093360

18 古浦一郎「特性名辞の研究」『古賀先生還暦記念心理学論文集』広島文理大学心理学教室・1952

19 青木孝悦「性格表現用語の心理 —— 辞典的研究 455語の選択, 分類および望ましさの評定」『心理学研究』1971 42巻1号 1-13

20 Christie, R. & Geis, F. L. (1970) *Studies in Machiavellianism*. Elsevier Inc. https://doi.org/10.1016/C2013-0-10497-7

21 犬塚石夫「精神病質」『犯罪心理学研究』1966 3巻2号 55-59

22 堀要「犯罪性精神病質について」『刑法雑誌』1966 15巻1号 88-109

23 (=21)

24 Hare, R. D. (1970) *Psychopathy: Theory and Research*. Wiley

25 (=12)

26 大隅尚広・金山範明・杉浦義典・大平英樹「日本語版一次性・二次性サイコパシー尺度の信頼性と妥当性の検討」『パーソナリティ研究』2007 16巻1号 117-120

27 オウィディウス, 田中秀央・前田敬作(訳)『転身物語』人文書院・1966

28 Ellis, H. (1898) Auto-erotism: A psychological study. *Alienist and Neurologist, 19*, 260-299

29 Freud, S. (1914) On narcissism: An introduction. (懸田克躬・吉村博次(訳) (1969)「ナルシシズム入門」『フロイト著作集5 性欲論・症例研究』人文書院 pp.109-132)・1969

30 Akhtar, S., & Thomson, J. A. (1982) Overview: Narcissistic personality disorder. *The American Journal of Psychiatry, 139* (1), 12-20. https://doi.org/10.1176/ajp.139.1.12

31 Raskin, R. N., & Hall, C. S. (1979) A narcissistic personality inventory. *Psychological Reports, 45* (2), 590. https://doi.org/10.2466/pr0.1979.45.2.590

32 Back, M. D. (2018) The Narcissistic Admiration and Rivalry Concept. In A. D. Hermann, A. B. Brunell, & J. D. Foster (Eds.), *Handbook of Trait Narcissism: Key Advances, Research Methods, and Controversies* (pp. 57-67). Springer International Publishing https://doi.org/10.1007/978-3-319-92171-6_6

33 川崎直樹・小塩真司「病理的自己愛目録日本語版(PNI-J)の作成」『心理学研究』92巻1号 21-30. https://doi.org/10.4992/jjpsy.92.19217・2021

34 Myers, W. C., Burket, R. C., & Husted, D. S. (2006) Sadistic personality disorder and comorbid mental illness in adolescent psychiatric inpatients. *Journal of the American Academy of Psychiatry and the Law, 34* (1), 61-71

35 Kaminer, D., & Stein, D. J. (2001) Sadistic personality disorder in perpetrators of human rights abuses: a South African case study. *Journal of Personality Disorders, 15* (6), 475-486. https://doi.org/10.1521/pedi.15.6.475.19191

36 Buckels, E. E., Jones, D. N., & Paulhus, D. L. (2013) Behavioral confirmation of everyday sadism. *Psychological Science, 24* (11), 2201-2209.

https://doi.org/10.1177/0956797613490749

37　Hamilton, W. D. (1970) Selfish and spiteful behaviour in an evolutionary model. *Nature*, 228, 1218-1220. https://doi.org/10.1038/2281218a0

38　小林佳世子『最後通牒ゲームの謎 —— 進化心理学からみた行動ゲーム理論入門』日本評論社・2021

39　Kimbrough, E. O., & Reiss, J. P. (2012) Measuring the distribution of spitefulness. *PLoS ONE, 7,* e41812. tps://doi.org/10.1371/journal.pone.0041812

40　Marcus, D. K., Zeigler-Hill, V., Mercer, S. H., & Norris, A. L. (2014) The psychology of spite and the measurement of spitefulness. *Psychological Assessment, 26* (2), 563-574. https://doi.org/10.1037/a0036039

41　Adorno, T., Frenkel-Brunswik, E., Levinson, D., & Sanford, N. (1950) *The authoritarian personality.* Harper.

42　高野了太・高史明・野村理朗「日本語版右翼権威主義尺度の作成」『心理学研究』91巻6号 398-408・2021

43　Eysenck, H. J. (1976) *The measurement of personality.* University Park Press

44　Moshagen, M., Hilbig, B. E., & Zettler, I. (2018) The dark core of personality. *Psychological Review, 125* (5), 656-688. https://doi.org/10.1037/rev0000111

45　ジョン・A・バーン, 酒井泰介(訳)『悪徳経営者 —— 首切りと企業解体で巨万の富を手にした男』日経BP社・2000

46　（＝45）p.203

47　Burns, J. M. (1978) *Leadership.* Harper & Row

48　American Psychological Association (2023) *Leadership.* https://dictionary.apa.org/leadership

49　マックス・ウェーバー, 世良晃志郎(訳)『支配の社会学Ⅱ 経済と社会』創文社・1962

50　ウォルター・アイザックソン, 井口耕二(訳)『スティーブ・ジョブズ(Ⅰ・Ⅱ)』講談社・2011

51　ウォルター・アイザックソン, 井口耕二(訳)『イーロン・マスク(上・下)』文藝春秋・2023

52　ポール・バビアク, ロバート・D・ヘア, 真喜志順子(訳)『社内の「知的確信犯」を探し出せ』ファーストプレス・2007

53　エイミー・C・エドモンドソン, 野津智子(訳)『恐れのない組織 ──「心理的安全性」が学習・イノベーション・成長をもたらす』英治出版・2021

54　Gallo, A. (2023) *What Is Psychological Safety?* Harvard Business Review

55　田中堅一郎「職場における非生産的行動: 最近の研究動向」『産業・組織心理学研究』21巻1号 73-79・2007

56　Fernández-del-Río, E., Ramos-Villagrasa, P. J., & Barrada, J. R. (2020) Bad guys perform better? The incremental predictive validity of the Dark Tetrad over Big Five and Honesty-Humility. *Personality and Individual Differences, 154*, 109700. https://doi.org/10.1016/j.paid.2019.109700

57　Gignac, G. E., Jones, C., Mason, N., Yuen, I., & Zajenkowski, M. (2023) Predicting attitudes toward cryptocurrencies and stocks: The divergent roles of narcissism, intelligence and financial literacy. *Personality and Individual Differences, 215*, 112382. https://doi.org/10.1016/j.paid.2023.112382

58　答弁書第一三号 内閣参質一九六第一三号 https://www.sangiin.go.jp/japanese/joho1/kousei/syuisyo/196/touh/t196013.htm

59　Sekścińska, K., & Rudzińska-Wojciechowska, J. (2022) Risk taking in gambling task: The role of psychological variables in lottery risk-taking. *Personality and Individual Differences, 197* (4), 111790. https://doi.

org/10.1016/j.paid.2022.111790

60　Onyedire, N. G., Chukwuorji, J. C., Orjiakor, T. C., Onu, D. U., Aneke, C. I., & Ifeagwazi, C. M. (2019) Associations of Dark Triad traits and problem gambling: Moderating role of age among university students. *Current Psychology*. https://doi.org/10.1007/s12144-018-0093-3

61　豪徳寺三生『永田町の掟 ──「欲望渦巻く町」の超ぶっとび事情』光文社・1995

62　ケヴィン・ダットン, 小林由香利(訳)『サイコパス ── 秘められた能力』NHK出版・2013

63　Jonason, P. K., Wee, S., & Li, N. P. (2015) Competition, autonomy, and prestige: Mechanisms through which the Dark Triad predict job satisfaction. *Personality and Individual Differences, 72*, 112-116. https://doi.org/10.1016/j.paid.2014.08.026

64　Lee, J. A. (1973) *Colours of Love: An Exploration of the Ways of Loving*. New Press

65　Lee, J. A. (1977) A Typology of Styles of Loving. *Personality & Social Psychology Bulletin, 3* (2), 173-182. https://doi.org/10.1177/014616727700300204

66　Jonason, P. K., & Kavanagh, P. (2010) The dark side of love: Love styles and the Dark Triad. *Personality and Individual Differences, 49* (6), 606-610. https://doi.org/10.1016/j.paid.2010.05.030

67　Clark, R. D., & Hatfield, E. (1989) Gender Differences in Receptivity to Sexual Offers. *Journal of Psychology & Human Sexuality, 2* (1), 39-55. https://doi.org/10.1300/J056v02n01_04

68　リチャード・ワイズマン, 木村博江(訳)『その科学があなたを変える』文藝春秋・2013

69 Tappé, M., Bensman, L., Hayashi, K., & Hatfield, E. (2013) Gender Differences in Receptivity to Sexual Offers: A New Research Prototype. *Interpersona: An International Journal on Personal Relationships, 7* (2), 323-344. https://doi.org/10.5964/ijpr.v7i2.121

70 Dufner, M., Rauthmann, J. F., Czarna, A. Z., & Denissen, J. J. A. (2013) Are narcissists sexy? Zeroing in on the effect of narcissism on short-term mate appeal. *Personality & Social Psychology Bulletin, 39* (7), 870-882. https://doi.org/10.1177/0146167213483580

71 Rauthmann, J. F., Kappes, M., & Lanzinger, J. (2014) Shrouded in the Veil of Darkness: Machiavellians but not narcissists and psychopaths profit from darker weather in courtship. *Personality and Individual Differences, 67*, 57-63. https://doi.org/10.1016/j.paid.2014.01.020

72 (=70)

73 (=71)

74 Jonason, P. K., Jones, A., & Lyons, M. (2013) Creatures of the night: Chronotypes and the Dark Triad traits. *Personality and Individual Differences, 55* (5), 538-541. https://doi.org/10.1016/j.paid.2013.05.001

75 Jonason, P. K. (2018) Bright lights, big city: The Dark Triad traits and geographical preferences. *Personality and Individual Differences, 132*, 66-73. https://doi.org/10.1016/j.paid.2018.05.024

76 Oishi, S., Talhelm, T., & Lee, M. (2015) Personality and geography: Introverts prefer mountains. *Journal of Research in Personality, 58*, 55-68 https://doi.org/10.1016/j.jrp.2015.07.001

77 Rentfrow, P. J., Gosling, S. D., & Potter, J. (2008) A Theory of the Emergence, Persistence, and Expression of Geographic Variation in Psychological Characteristics. *Perspectives on Psychological Science: A*

Journal of the Association for Psychological Science, 3 (5), 339-369. https://doi.org/10.1111/j.1745-6924.2008.00084.x

78　仲嶺真・古村健太郎「ソシオセクシャリティを測る ── SOI-R の邦訳」『心理学研究』87巻 524-534. https://doi.org/10.4992/jjpsy.87.15224・2016

79　Freyth, L., & Jonason, P. K. (2023) Overcoming agreeableness: Sociosexuality and the Dark Triad expanded and revisited. *Personality and Individual Differences, 203*, 112009. https://doi.org/10.1016/j.paid.2022.112009

80　Clemens, C., Atkin, D., & Krishnan, A. (2015) The influence of biological and personality traits on gratifications obtained through online dating websites. *Computers in Human Behavior, 49*, 120-129. https://www.sciencedirect.com/science/article/abs/pii/S0747563215001429

81　Freyth, L., & Batinic, B. (2021) How bright and dark personality traits predict dating app behavior. *Personality and Individual Differences, 168*, 110316. https://doi.org/10.1016/j.paid.2020.110316

82　Tinder https://tinder.com/

83　Tinder Statistics - By Users, Demographic, Match Rate, Country, Usage and Social Media Traffic https://www.enterpriseappstoday.com/stats/tinder-statistics.html (2023.11.20.)

84　増井啓太・田村紋女・マーチ・エヴィータ「日本語版ネット荒らし尺度の作成」『心理学研究』89巻6号, 602-610・2018

85　Feinstein, B., Bhatia, V., & Davila, J. (2014) Rumination mediates the association between cyber-victimization and depressive symptoms. *Journal of Interpersonal Violence, 29* (9), 1732-1746. http://doi.org/10.1177/0886260513511534

86　(＝85)

87 March, E., Grieve, R., Marrington, J., & Jonason, P. K. (2017) Trolling on Tinder® (and other dating apps): Examining the role of the Dark Tetrad and impulsivity. *Personality and Individual Differences, 110*, 139-143. https://doi.org/10.1016/j.paid.2017.01.025

88 鬼頭美江「恋愛関係はどのように崩壊するのか —— 第三者の参入有無に着目して」『明治学院大学社会学部付属研究所研究所年報』49巻 55-62. · 2019

89 (＝88)

90 Jonason, P. K., Li, N. P., & Buss, D. M. (2010) The costs and benefits of the Dark Triad: Implications for mate poaching and mate retention tactics. *Personality and Individual Differences, 48* (4), 373-378. https://doi.org/10.1016/j.paid.2009.11.003

91 Kardum, I., Hudek-Knezevic, J., Mehić, N., & Banov Trošelj, K. (2023) The dark triad traits and relationship satisfaction: Dyadic response surface analysis. *Journal of Personality*. https://doi.org/10.1111/jopy.12857

92 Allport, G. W., & Odbert, H. S. (1936) Trait-names: A psycho-lexical study. *Psychological Monographs, 47* (1), 171. https://doi.org/10.1037/h0093360

93 Webster's Dictionary https://en.wikipedia.org/wiki/Webster%27s_Dictionary (2023.12.12.)

94 ブライアン・クリスチャン, 吉田晋治(訳)『機械より人間らしくなれるか？ —— AIとの対話が, 人間でいることの意味を教えてくれる』草思社 · 2012

95 White, W. A. (1916) Extroversion and introversion. In W. A. White, *Mechanisms of character formation: An introduction to psychoanalysis* (pp. 222-244). MacMillan Co. https://doi.org/10.1037/10656-010

96 Jung, C. G. (1915) On psychological understanding. *The Journal of Abnormal Psychology, 9* (6), 385-399. https://doi.org/10.1037/h0073967

97 Paulhus, D. L., & Williams, K. M. (2002) The Dark Triad of personality: Narcissism, Machiavellianism and psychopathy. In *Journal of Research in Personality* (Vol. 36, Issue 6, pp. 556-563). https://doi.org/10.1016/s0092-6566(02)00505-6

98 K・リー, M・C・アシュトン, 小塩真司(監訳), 三枝高大・橋本泰央・下司忠大・吉野伸哉(訳)『パーソナリティのHファクター ── 自己中心的で, 欺瞞的で, 貪欲な人たち』北大路書房・2022

99 Gray, J. A. (1982) *The Neuropsychology of Anxiety: An Enquiry into the Functions of the Septo-Hippocampal Systems*. Oxford University Press.
高橋雄介・山形伸二・木島伸彦・繁桝算男・大野裕・安藤寿康「Grayの気質モデル ── BIS/BAS尺度日本語版の作成と双生児法による行動遺伝学的検討」『パーソナリティ研究』2007 15巻3号, 276-289. https://doi.org/10.2132/personality.15.276

100 Włodarska, K. A., Zyskowska, E., Terebus, M. K., & Rogoza, R. (2021) The Dark Triad and BIS/BAS: a Meta-Analysis. *Current Psychology, 40* (11), 5349-5357. https://doi.org/10.1007/s12144-019-00467-8

101 岡田涼「自己愛傾向の下位側面と自尊感情との関連についてのメタ分析」『感情心理学研究』2011 18巻2号, 106-110

102 Kernis, M.H (2005) Measuring self-esteem in context: The Importance of Stability of Self-Esteem in Psychological Functioning. *Journal of Personality, 73* (6), 1569-1605. https://doi.org/10.1111/j.1467-6494.2005.00359.x

103 Zeigler-Hill, V., Myers, E. M., & Clark, C. B. (2010) Narcissism and self-esteem reactivity: The role of negative achievement events. *Journal of Research in Personality, 44* (2), 285-292. https://www.sciencedirect.com/science/article/abs/pii/S0092656610000309

104 小塩真司・西野拓朗・速水敏彦「潜在的・顕在的自尊感情と仮想的有能感

の関連」『パーソナリティ研究』2009 17巻3号, 250-260

105　Zeigler-Hill, V. (2006) Discrepancies between implicit and explicit self-esteem: implications for narcissism and selfesteem instability. *Journal of Personality, 74* (1), 119-144. https://doi.org/10.1111/j.1467-6494.2005.00371.x

106　Campbell, J. D. (1990) Self-esteem and clarity of the self-concept. *Journal of Personality and Social Psychology, 59* (3), 538-549. https://doi.org/10.1037/0022-3514.59.3.538

107　徳永侑子・堀内孝「邦訳版自己概念の明確性尺度の作成および信頼性・妥当性の検討」『パーソナリティ研究』2012 20巻3号, 193-203

108　Crocetti, E., & Van Dijk, M. P. A. (2018) Self-Concept Clarity. In R. J. R. Levesque (Ed.), *Encyclopedia of Adolescence*(pp. 3342-3346). Springer International Publishing. https://doi.org/10.1007/978-3-319-33228-4_808

109　Doerfler, S. M., Tajmirriyahi, M., Ickes, W., & Jonason, P. K. (2021) The self-concepts of people with Dark Triad traits tend to be weaker, less clearly defined, and more state-related. *Personality and Individual Differences, 180*, 110977. https://doi.org/10.1016/j.paid.2021.110977

110　Brenner, G. H. (2021) Why Poor Sense of Self Underlies Dark Triad Traits: Underlying vulnerabilities set the stage for problematic relationships. Psychology Today. https://www.psychologytoday.com/za/blog/experimentations/202105/why-poor-sense-self-underlies-dark-triad-traits

111　モバイル社会研究所「LINE 利用率8割超え: 10~50代まで8~9割が利用」2022. https://www.moba-ken.jp/project/service/20220516.html

112　ソフトバンクニュース「消したくても消えない過去の投稿。IT弁護士が解説する「デジタルタトゥー」の危険性」2023. https://www.softbank.jp/sbnews/entry/20230118_02

113　Nitschinsk, L., Tobin, S. J., & Vanman, E. J. (2022) The dark triad and online self-presentation styles and beliefs. *Personality and Individual Differences, 194*, 111641. https://doi.org/10.1016/j.paid.2022.111641

114   Snyder, M. (1974) Self-monitoring of expressive behavior. *Journal of Personality and Social Psychology, 30* (4), 526-537. https://doi.org/10.1037/h0037039

115   Kowalski, C. M., Rogoza, R., Vernon, P. A., & Schermer, J. A. (2018) The Dark Triad and the self-presentation variables of socially desirable responding and self-monitoring. *Personality and Individual Differences, 120*, 234-237. https://doi.org/10.1016/j.paid.2017.09.007

116   Turner, I. N., Foster, J. D., & Webster, G. D. (2019) The Dark Triad's inverse relations with cognitive and emotional empathy: High-powered tests with multiple measures. *Personality and Individual Differences, 139*, 1-6. https://doi.org/10.1016/j.paid.2018.10.030

117   Gómez-Leal, R., Megías-Robles, A., Gutiérrez-Cobo, M. J., Cabello, R., Fernández-Abascal, E. G., & Fernández-Berrocal, P. (2019) Relationship between the Dark Triad and depressive symptoms. *PeerJ, 7*, e8120. https://doi.org/10.7717/peerj.8120

118   Yang, M., Qu, C., Zhang, Z., Guo, H., Guo, X., Yang, L., Tian, K., & Hu, W. (2022) Relationships between Dark Triad and negative emotions during COVID-19 lockdown: The chain mediating roles of negative coping and state boredom. *Current Psychology, 43* (15), 1-13. https://doi.org/10.1007/s12144-022-03560-7

119   Miller, J. D., Dir, A., Gentile, B., Wilson, L., Pryor, L. R., & Campbell, W. K. (2010) Searching for a vulnerable dark triad: comparing Factor 2 psychopathy, vulnerable narcissism, and borderline personality disorder. *Journal of Personality, 78* (5), 1529-1564. https://doi.org/10.1111/j.1467-

6494.2010.00660.x

120　Masui, K. (2019) Loneliness moderates the relationship between Dark Tetrad personality traits and internet trolling. *Personality and Individual Differences, 150*, 109475. https://doi.org/10.1016/j.paid.2019.06.018

121　増井啓太・田村紋女・マーチ・エヴィータ「日本語版ネット荒らし尺度の作成」『心理学研究』2018 89巻6号, 602-610

122　Eysenck, H. J. versus Kamin, L. (1981) Intelligence: The Battle for the Mind. London, Pan Macmillan. (H・J・アイゼンク, L・ケイミン, 斎藤和明他(訳)『知能は測れるのか ── IQ討論』筑摩書房・1985)

123　ワトソン, 那須聖(訳)『人間は如何に行動するか』創元社・1943

124　(=123) p.376

125　Watson, J. B. (1924) Behaviorism. The People's Institute Publishing Company. p.82

126　藤田統・加藤宏(1983)「行動研究における遺伝の意味について ── 行動遺伝学の歴史と展望」『動物心理学年報』, 1983 33巻1号, 49-65

127　'Landmark' study resolves a major mystery of how genes govern human height: Nearly 10,000 common gene variants influence how tall a person becomes. https://www.science.org/content/article/landmark-study-resolvesmajor-mystery-how-genes-govern-human-height

128　Lozano-Blasco, R., Quílez-Robres, A., Usán, P., Salavera, C., & Casanovas-López, R. (2022) Types of Intelligence and Academic Performance: A Systematic Review and Meta-Analysis. *Journal of Intelligence, 10* (4). https://doi.org/10.3390/jintelligence10040123

129　Wraw, C., Deary, I. J., Gale, C. R., & Der, G. (2015) Intelligence in youth and health at age 50. *Intelligence, 53*, 23-32. https://doi.org/10.1016/j.intell.2015.08.001

130 Calvin, C. M., Deary, I. J., Fenton, C., Roberts, B. A., Der, G., Leckenby, N., & Batty, G. D. (2011) Intelligence in youth and all-cause-mortality: systematic review with meta-analysis. *International Journal of Epidemiology, 40* (3), 626-644. https://doi.org/10.1093/ije/dyq190

131 Michels, M. (2021) General Intelligence and the Dark Triad. *Journal of Individual Differences.* https://doi.org/10.1027/1614-0001/a000352

132 Anglim, J., Dunlop, P. D., Wee, S., Horwood, S., Wood, J. K., & Marty, A. (2022). Personality and intelligence: A meta-analysis. *Psychological Bulletin, 148* (5-6), 301-336. https://doi.org/10.1037/bul0000373

133 Wright, C. M., & Cheetham, T. D. (1999) The strengths and limitations of parental heights as a predictor of attained height. *Archives of Disease in Childhood, 81* (3), 257-260. https://doi.org/10.1136/adc.81.3.257

134 Whitley, E., Gale, C. R., Deary, I. J., Kivimaki, M., & Batty, G. D. (2011) Association of maternal and paternal IQ with offspring conduct, emotional, and attention problem scores. Transgenerational evidence from the 1958 British Birth Cohort Study. *Archives of General Psychiatry, 68* (10), 1032-1038. https://doi.org/10.1001/archgenpsychiatry.2011.111

135 Bühler, J. L., Orth, U., Bleidorn, W., Weber, E., Kretzschmar, A., Scheling, L., & Hopwood, C. J. (2023) Life Events and Personality Change: A Systematic Review and Meta-Analysis. *European Journal of Personality,* 08902070231190219. https://doi.org/10.1177/08902070231190219

136 Hudson, N. W., Briley, D. A., Chopik, W. J., & Derringer, J. (2019) You have to follow through: Attaining behavioral change goals predicts volitional personality change. *Journal of Personality and Social Psychology, 117* (4), 839-857. https://doi.org/10.1037/pspp0000221

137 小塩真司・中間玲子『あなたとわたしはどう違う？―― パーソナリティ心理学

入門講義』ナカニシヤ出版・2007

138 Vernon, P. A., Villani, V. C., Vickers, L. C., & Harris, J. A. (2008) A behavioral genetic investigation of the Dark Triad and the Big 5. *Personality and Individual Differences, 44* (2), 445-452. https://doi.org/10.1016/j.paid.2007.09.007

139 Jonason, P. K., Lyons, M., & Bethell, E. (2014) The making of Darth Vader: Parent-child care and the Dark Triad. *Personality and Individual Differences, 67*, 30-34. https://doi.org/10.1016/j.paid.2013.10.006

140 Tajmirriyahi, M., Doerfler, S. M., Najafi, M., Hamidizadeh, K., & Ickes, W. (2021) Dark Triad traits, recalled and current quality of the parent-child relationship: A non-western replication and extension. *Personality and Individual Differences, 180*, 110949. https://doi.org/10.1016/j.paid.2021.110949

141 Jonason, P. K., Icho, A., & Ireland, K. (2016) Resources, Harshness, and unpredictability: The Socioeconomic Conditions Associated With the Dark Triad Traits. *Evolutionary Psychology: An International Journal of Evolutionary Approaches to Psychology and Behavior, 14* (1), 1474704915623699. https://doi.org/10.1177/1474704915623699

142 e-Stat 人口動態調査 人口動態統計 確定数 乳児死亡 https://www.e-stat.go.jp/dbview?sid=0003411721

143 (=142)

144 マンボウ「3億個の卵→2匹生き残る」はなぜ広まった? 専門家に聞く withnews https://withnews.jp/article/f0220922000qqf2220607001qqF0W06910201qq000025079A

145 杉山宙・高橋翠 (2015)「生活史理論のヒト発達への拡張 ── 個人差とその発達に対する新たな視点」『東京大学大学院教育学研究科紀要』2015 55巻,

247-259

146 Kawamoto, T. (2015) The translation and validation of the Mini-K scale in Japanese. *Japanese Psychological Research, 57* (3), 254-267. https://doi.org/10.1111/jpr.12083

147 Jonason, P. K., Foster, J. D., Egorova, M. S., Parshikova, O., Csathó, Á., Oshio, A., & Gouveia, V. V. (2017) The Dark Triad Traits from a Life History Perspective in Six Countries. *Frontiers in Psychology, 8*, 1476. https://doi.org/10.3389/fpsyg.2017.01476

148 ジェームス・ファロン, 影山任佐(訳)『サイコパス・インサイド ── ある神経科学者の脳の謎への旅』金剛出版・2015,「神経科学者が自分の脳を調べたらサイコパスだったことが発覚」Gigazine 2013.11.29 https://gigazine.net/news/20131129-psychopath-neuroscientist/

149 Roberts, B. W., Caspi, A., & Moffitt, T. E. (2001) The kids are alright: growth and stability in personality development from adolescence to adulthood. *Journal of Personality and Social Psychology, 81* (4), 670-683. https://doi.org/10.1037//0022-3514.81.4.670

150 Soto, C. J., John, O. P., Gosling, S. D., & Potter, J. (2011) Age differences in personality traits from 10 to 65: Big Five domains and facets in a large cross-sectional sample. *Journal of Personality and Social Psychology, 100* (2), 330-348. https://doi.org/10.1037/a0021717

151 川本哲也・小塩真司・阿部晋吾・坪田祐基・平島太郎・伊藤大幸・谷伊織「ビッグ・ファイブ・パーソナリティ特性の年齢差と性差 ── 大規模横断調査による検討」『発達心理学研究』2015 26巻2号, 107-122. https://doi.org/10.11201/jjdp.26.107

152 Kawamoto, T., Shimotsukasa, T., & Oshio, A. (2020) Cross-sectional age differences in the Dark Triad traits in two Japanese samples. *Psychology

and Aging, 35 (1), 91-96. https://doi.org/10.1037/pag0000399

153   Hartung, J., Bader, M., Moshagen, M., & Wilhelm, O. (2022) Age and gender differences in socially aversive ("dark") personality traits. *European Journal of Personality, 36* (1), 3-23. https://doi.org/10.1177/0890207020988435

154   Robins, R. W., Trzesniewski, K. H., Tracy, J. L., Gosling, S. D., & Potter, J. (2002) Global self-esteem across the life span. *Psychology and Aging, 17* (3), 423-434. https://doi.org/10.1037//0882-7974.17.3.423

155   (=149)

156   Bühler, J. L., Orth, U., Bleidorn, W., Weber, E., Kretzschmar, A., Scheling, L., & Hopwood, C. J. (2023) Life Events and Personality Change: A Systematic Review and Meta-Analysis. *European Journal of Personality*, 08902070231190219. https://doi.org/10.1177/08902070231190219

157   ポール・タフ, 高山真由美(訳)『成功する子 失敗する子 —— 何が「その後の人生」を決めるのか』英治出版・2013

158   アンジェラ・ダックワース, 神崎朗子(訳)『やり抜く力 GRIT —— 人生のあらゆる成功を決める「究極の能力」を身につける』ダイヤモンド社・2016

159   竹橋洋毅・樋口収・尾崎由佳・渡辺匠・豊沢純子「日本語版グリット尺度の作成および信頼性・妥当性の検討」『心理学研究』2018 89巻6号, 580-590

160   Duckworth, A. L., Peterson, C., Matthews, M. D., & Kelly, D. R. (2007) Grit: perseverance and passion for longterm goals. *Journal of Personality and Social Psychology, 92* (6), 1087-1101. https://doi.org/10.1037/0022-3514.92.6.1087

161   Baumeister, R. F., Campbell, J. D., Krueger, J. I., & Vohs, K. D. (2003) Does High Self-Esteem Cause Better Performance, Interpersonal Success, Happiness, or Healthier Lifestyles? *Psychological Science in the Public*

Interest: A Journal of the American Psychological Society, 4 (1), 1-44. https://doi.org/10.1111/1529-1006.01431

162　Harris, M. A., & Orth, U. (2020) The link between self-esteem and social relationships: A meta-analysis of longitudinal studies. *Journal of Personality and Social Psychology, 119* (6), 1459-1477. https://doi.org/10.1037/pspp0000265

163　Twenge, J. M., & Campbell, W. K. (2009) The Narcissism Epidemic: Living in the Age of Entitlement. New York: Free Press. (ジーン・M・トウェンギ／W・キース・キャンベル, 桃井緑美子訳『自己愛過剰社会』河出書房新社・2011)

164　山崎勝之『自尊感情革命 ── なぜ, 学校や社会は「自尊感情」がそんなに好きなのか?』福村出版・2017

165　朝日新聞朝刊 2024.01.07.

166　Dweck, C. S., Chiu, C.-Y., & Hong, Y.-Y. (1995) Implicit theories and their Role in judgments and reactions: A World from two Perspectives. *Psychological Inquiry, 6* (4), 267-285. https://doi.org/10.1207/s15327965pli0604_1

167　ジュリア・ショウ, 服部由美(訳)『悪について誰もが知るべき10の事実』講談社・2019

168　兼本浩祐『普通という異常 ── 健常発達という病』講談社・2023

169　スティーブン・ピンカー, 幾島幸子・塩原通緒(訳)『暴力の人類史(上巻)』青土社・2015

170　澤田匡人・新井邦二郎「妬みの対処方略選択に及ぼす, 妬み傾向, 領域重要度, および獲得可能性の影響」『教育心理学研究』2002 50巻2号, 246-256. https://doi.org/10.5926/jjep1953.50.2_246

171　山蔦圭輔・佐藤寛・笹川智子・山本隆一郎・中井義勝・野村忍「女子学生を

対象とした新版食行動異常傾向測定尺度の開発」『心身医学』2016 56巻7号, 737-747. https://doi.org/10.15064/jjpm.56.7_737

172　増井啓太・下司忠大・澤田匡人・小塩真司「日本語版強欲傾向尺度の作成」『心理学研究』2018 88巻6号, 566-573. https://doi.org/10.4992/jjpsy.88.16240

173　下坂剛「男性用性的欲求尺度の作成と信頼性・妥当性の検討」『応用心理学研究』2019 44巻3号, 183-190. https://doi.org/10.24651/oushinken.44.3_183

174　下司忠大・小塩真司「特権意識の構造と特徴 ── 3つの特権意識に注目して」『パーソナリティ研究』2016 24巻3号, 179-189. https://doi.org/10.2132/personality.24.179

175　Veselka, L., Giammarco, E. A., & Vernon, P. A. (2014) The Dark Triad and the seven deadly sins. *Personality and Individual Differences, 67*, 75-80. https://doi.org/10.1016/j.paid.2014.01.055

176　ウォルター・シャイデル, 鬼澤忍・塩原通緒(訳)『暴力と不平等の人類史 ── 戦争・革命・崩壊・疫病』東洋経済新報社・2019

177　(=176)

178　世帯の所得格差「ジニ係数」が過去最大水準…21年, 高齢化で「当初所得」低い人増える 読売新聞オンライン 2023.08.22.

179　アンドリュー・ゾッリ, アン・マリー・ヒーリー, 須川綾子(訳)『レジリエンス 復活力 ── あらゆるシステムの破綻と回復を分けるものは何か』ダイヤモンド社・2013

180　下司忠大・小塩真司「Dark Triadと向社会性 ── 向社会的な社会に向けて」『心理学評論』2020 63巻4号, 422-432. https://www.jstage.jst.go.jp/article/sjpr/63/4/63_422/_article/-char/ja/